Souffre en silence

Priscilla Magal

Souffre en silence

Livre autobiographique

© 2023 Priscilla Magal
Édition : BoD – Books on Demand, info@bod.fr
Impression : BoD – Books on Demand, In de Tarpen 42, Norderstedt (Allemagne)
Impression à la demande

Illustration : Priscilla Magal
ISBN : 978-2-3221-1509-9
Dépôt légal : Mars 2023

Dédicaces

Ce livre est avant tout une thérapie personnelle,
un exutoire, une révélation de tous les non-dits des traumatismes relevant de mon enfance.
En aucun cas mes ressentis ou mes avis personnels n'expriment une vérité absolue, seulement la mienne.
Tous mes ressentis et partages proviennent de mes analyses et introspections personnelles en aucun cas cela doit constituer ou se substituer à un avis médical si vous avez vécu des expériences similaires.
Mes diagnostics proviennent de bilans psychologiques.
Je tiens à dédier ce livre à mes enfants qui sans le savoir me donnent chaque jour l'envie de rester en vie.
Je souhaite aussi qu'ils puissent, un jour peut-être, comprendre pourquoi leur maman a été aussi fragile, fatiguée mais qu'ils sachent que j'ai toujours agis avec amour.
Je le dédie également à ma maman qui malgré le mal qu'elle m'a fait, essaie quotidiennement de m'aider à surmonter mes plus grandes peurs et ma profonde souffrance sans jamais me lâcher.
Je pense à mes abonnés TikTok qui sans le vouloir me soutiennent quotidiennement et m'aident.
Merci à ceux qui m'ont détruite, critiqué, jugé et rabaissé,
sans eux, je n'aurai pas compris que mes fragilités étaient une force.

Pour Luc, Lyna et Théo

Introduction et présentation

Je vais vous raconter une partie de ma vie en m'appuyant sur des faits que j'ai réellement vécu et subi jusqu'à mes 18 ans.
Je vais également vous partager quelques étapes de ma vie de femme bafouée psychologiquement et physiquement, de maman en proie à la culpabilité et au doute.
Je vais tenter de vous faire ressentir toutes mes émotions les plus difficiles afin que vous sachiez avec quel poids j'avance au quotidien et le combat que je dois mener chaque jour.
Vous ferez la connaissance de plusieurs personnes dont j'ai changé le prénom afin de préserver leur anonymat (ce récit n'étant pas destiné à régler mes comptes) :

Mon père : David
Ma mère : France
Ma belle-mère N1 : Maria et ses deux garçons Jo et Louis
Mon demi-frère : Junior
Mon vrai frère : Yvan
Ma belle-mère N2 : Joëlle
Son fils : Freud
Le second mari de ma mère : Petro
Mon ex-mari N1 : Yon
Mes trois enfants : Luc, Lyna avec Yon et Théo
Mon compagnon actuel : Mike

Mon deuxième ex–mari : Francis

Le pervers narcissique : Kriss

Vous serez surement partagé entre l'envie de me secouer pour me réveiller, de me détester (parfois) ou peut-être me remercier de vous sentir moins seul(e), pour ma part il réveillera en moi énormément de sentiments ambivalents et douloureux….

Cet ouvrage a pour but de m'aider à exorciser mes vieux démons, de dévoiler mon parcours, mes traumatismes et leurs répercussions sur mon quotidien (vie de famille, vie sentimentale et socio-professionnelle).

Une manière de me valider à moi-même mon statut de victime et peut-être aider d'autres personnes dans mon cas.

Je n'ai jamais pu intenter d'actions en justice pour ce que j'ai vécu et à ce jour, le délai de prescription étant passé il serait très compliqué pour moi d'entreprendre une quelconque démarche.
J'ai à cœur de croire que le destin se chargera de faire ce qu'il faut pour qu'ils ne soient pas impunis de leurs actes.

J'ai envie à mon tout petit niveau de faire savoir au monde entier ce que des milliers de personnes endurent et dont personne n'ose parler car ce serait mal vu, une honte, sans parler de la culpabilité que l'on porte à faire du mal malgré nous à nos bourreaux en révélant la vérité.
Trop de tabou autour de la violence intra familiale, de la maltraitance physique et psychique et des actes incestueux. La société à l'époque n'était pas aussi ouverte sur le sujet, c'était très mal vu et à la limite de l'interdit d'oser révéler des faits aussi monstrueux.

Je souhaite également que les femmes ou les hommes comme moi sachent qu'ils ou elles ne sont coupables de rien mais juste victime d'un vécu, d'une personne et d'une société dans laquelle rien n'est mis en place pour aider des personnes atteintes de trauma et de troubles psychiques.
Pourtant c'est une réelle maladie psychique invalidante dotée d'une incommensurable souffrance.

La psychologie enseigne les bases et les symptômes de différents troubles mentaux et psychologiques mais chaque personne réagit différemment face à une même situation. Les traitements et suivis psy seraient à adapter à chacun, ce qui n'est pas souvent mis en place malheureusement.

Notre société actuelle n'est faite que de cases, de moules dans lesquels il faut rentrer.
Le cas contraire, nous sommes qualifiés « d'anormaux ».
Les gens en général ont tendance à penser que c'est un mal imaginaire, une maladie de feignant mais je peux vous dire que c'est un mal bien réel et que ça vous ronge de l'intérieur.

Je le qualifie de cancer psychologique et physique car la souffrance psychique épuise le corps et le mental jusqu'à vous faire souffrir physiquement.
Seules des personnes souffrant du même mal peuvent comprendre et en même temps comment accabler ceux qui ne savent pas ce que c'est ?

Je souffre de différents troubles psychologiques liés à mon enfance dont personne ne parle par honte ou peur du jugement car nous sommes dans un monde où il est bien plus aisé de juger que d'aider son prochain.

Comment réussir à mettre des mots sur des maux, des actes innommables, inqualifiables et indicibles afin que vous compreniez bien et qu'éventuellement vous vous reconnaissiez dans mon histoire au point de vous dire que vous n'êtes plus seul(e)s, que vous êtes différemment normal ?

Je tiens un compte Tiktok que je me suis vu changer à maintes reprises de pseudo par peur du jugement émanant des personnes qui me reconnaitraient et pourtant vous n'avez pas idée du nombre de personnes qui m'écrivent en privé me remerciant de les aider à comprendre leurs enfants souffrant de troubles identiques aux miens ou même à enfin oser parler de leur propre histoire.

Je ne pensais pas qu'un jour mes vidéos pourraient permettre à des followers dans mon cas de se sentir moins seul(e)s et compris(e)s.
C'est triste de voir que tant de personnes souffrent en silence par peur du jugement et de la non-compréhension de leur entourage qui souffrent eux même de nous voir si mal et sont dépassés par leur impuissance et leur incapacité à nous aider malgré leur amour et leur volonté.

Je vous dis tout mais avant quelques définitions...

Je vais tout vous révéler sans tabou ni censure mais encore un peu de patience.

Pour que vous compreniez bien il me faut vous expliquer quelques termes médicaux que je vais employer tout au long de mon récit et un petit bout de ma vie actuelle.

Si vous êtes impatients, vous pouvez vous rendre page 25 là où l'histoire commence.

Je m'appelle Priscilla, j'ai 41 ans, 3 enfants et je n'arrive plus à vivre avec ce que je suis, avec ce que j'ai vécu, avec mes séquelles, avec cette souffrance psychique qui en devient physique et que personne ne comprend à moins de l'avoir vécu.

Ce n'est pas une vie, j'éprouve trop de douleur psychologiquement parlant, je suis éreintée mais pas une simple fatigue qui passerait avec une petite sieste, je vous parle d'une profonde fatigue morale et psychique.

Même les moments de sommeils ne me réparent pas car ils sont rythmés par les cauchemars et les réveils répétitifs ce qui a pour conséquences, l'accumulation de fatigue.

Cela peut aller jusqu'à 8 réveils nocturnes ou des insomnies de 2h en plein milieu de la nuit à la suite de cauchemars ayant créés une crise d'angoisse.

Pour autant, je continue de mener ma vie de maman et de femme, masquée de mon sourire et de fausses excuses à certains de mes manquements pour protéger mes enfants de mes traumas en essayant juste de ne pas sombrer car je sais que si je tombe encore une fois, je ne me relèverai pas, ce serait la fois de trop.

Je souffre de ce que l'on qualifie de troubles anxiophobiques, d'anorexie mentale, d'hypocondrie, d'amnésie partielle et d'hypermnésie accompagnés d'épisodes de dépression, le tout greffé à un syndrome de stress post traumatique complexe sévère et des critères associés à une personnalité borderline.

A mesure que je vieillis, ce mal vieillis avec moi et me détruit davantage chaque jour m'isolant socio-professionnellement.

Je ne sais pas si un jour je pourrais en guérir ou bien même réussir à vivre avec mais il le faut car je ne conçois pas vivre enfin survivre encore longtemps à cette douleur quotidienne.

Je garde certains jours de l'espoir et d'autres je me dis qu'il serait plus facile de ne plus être là, que tout le monde s'en porterait mieux, que je ne nuirai plus à mes enfants malgré moi, que je pourrais enfin dormir et être en paix…

Avant de vous dire comment et pourquoi je suis devenue comme ça au point de voir toute ma vie s'« arrêter », laissez-moi vous expliquer ce qu'est un trouble anxio phobique, l'émétophobie (phobie du vomi) et l'hypermnésie.
Pour ce qui est de la personnalité borderline et de la dépression, seul un psychologue peut poser le diagnostic à la suite de tests et les critères peuvent être tellement différents que je préfère ne pas détailler cette pathologie.

Les troubles anxio phobique

Les troubles anxio phobiques sont des troubles anxieux accompagnés de phobies avérées et parfois sévères qui se caractérisent par :

- Un sentiment de peur irrationnel caractérisé par de l'agitation, de l'inquiétude, des palpitations, des tremblements voire des claquements de dents, une transpiration excessive, sensation d'oppression, un sentiment d'insécurité et de la nervosité allant jusqu'à priver la personne de son indépendance et de ses facultés à accomplir certains gestes du quotidien.

Chaque individu est différent et répond différemment à ce type de trouble. Pour ma part les symptômes sont nombreux et invalidants, affectant lourdement mon quotidien.

Je ressens chaque jour des nausées, à mes nausées se greffe mon émétophobie, douleurs physiques dans la cage thoracique, transpiration excessive alors que j'ai froid, crise d'intestins irritables sur laquelle se greffe également mon émétophobie, peur panique de m'éloigner de mon domicile, peur d'être en société car ce serait pour moi synonyme de danger (risque d'attraper une maladie) ce qui a pour conséquences l'isolement social.

Je n'ai de que des contacts virtuels par le biais de mes réseaux sociaux et essentiellement TikTok qui me sert d'exutoire.
Les rares moments en société que j'ai eu et dans lesquels je n'ai pas eu peur étaient avec le père de mes deux premiers enfants, Yon car à cette époque je n'avais pas encore atteint ce stade, les traumas étaient refoulés.

Je me sens très souvent oppressée et en hyperventilation ce qui a pour effet de me créer des vertiges ou malaises vagaux.

Je ne dors quasiment plus la nuit car elles sont rythmées de cauchemars dans lesquels les souvenirs tentent de refaire surface (au cas où je pourrais oublier) ce qui a pour effet l'angoisse de dormir.

Je ne m'endors que d'épuisement vers 01H / 02H et dans 80% des cas, mon sommeil est rythmé de réveil, de peur et de pleurs.

Je n'ai pas passé une seule nuit apaisée depuis 9 ans.

Je déclenche également chaque jour à la tombée de la nuit des angoisses nocturnes, moments durant lesquels je suis difficilement capable d'accomplir mes tâches du quotidien sans ressentir de douleurs physiques.

Je les réalise évidement, je suis maman mais chaque petite tâche devient pénible car je suis dans un état d'épuisement intense.
Résultat d'une journée à combattre mon état anxieux, mes phobies et mes cycles de dépression.

L'anxiété sollicite énormément le corps et l'épuise beaucoup.
Généralement les personnes souffrant d'anxiété et de dépression sont très fatiguées et ressentent une perte de motivation et d'envie à réaliser la moindre petite tâche du quotidien.

Conduire mon enfant à l'école est pour moi une lourde épreuve surtout en période hivernale car je ne vois plus de camarade de classe mais des virus sur pattes susceptibles de sauter sur mon fils alors que pour le commun des mortels ce n'est qu'un acte normal.

J'en ai honte, je n'accepte pas cette partie de moi et ne l'accepterai jamais. Une plainte du ventre de mon fils et c'est la panique, je souffre tellement de ça, j'ai le sentiment de ne pas être une maman normale, que je n'aurai pas eu le droit d'enfanter.

Faire les courses m'est devenu impossible sans être accompagnée par une personne.
Je ne fais que des drives (merci l'évolution) car je suis aussi agoraphobe (peur de la foule).

Aller travailler est une épreuve insurmontable du fait de ma peur d'être en contact et de m'éloigner de la maison, ce qui m'a valu une reconnaissance après 3 ans de chômage en invalidité catégorie 2 auprès de la CPAM et une reconnaissance adulte handicapé à 50%.

Émétophobie : phobie du vomi

Cette phobie est pour moi la plus destructrice et d'une souffrance inqualifiable car elle régit tout mon quotidien. C'est elle qui me dit quand je peux sortir ou voir du monde, la douleur est indescriptible.
Je ne sais même pas si vous comprendrez cette peur démesurée…
La phobie du vomi ou la peur viscérale de vomir est une peur irrationnelle de l'acte ou même dans certains cas juste le fait de voir une tierce personne le faire est insoutenable, certaines personnes sont même incapables de prononcer ce mot de 5 lettres.

Malgré ma phobie, je reste présente pour mes enfants quand on doit passer cette épreuve mais les jours qui suivent sont d'une torture psychique sans nom pour moi.

Le simple fait d'entendre le mot « gastro », je me rends malade seule allant jusqu'à me créer les symptômes (sans vomir), regarder les informations en période hivernale n'est plus d'actualité, je suis obligée de filtrer tout ce que je lis ou entend.

C'est un contrôle permanent de mon quotidien et cela m'épuise.

Cette phobie est très souvent en lien avec l'enfance ou un évènement traumatique.

D'après la psychologie ce serait la peur de la séparation.

D'autres tendent à dire que ce n'est pas réellement la peur de vomir mais une image représentative du vomi.

Je m'explique : plein de termes utilisés dans le langage courant sont à doubles sens comme le fait d'avoir mal au cœur qui peut signifier avoir de la peine mais aussi avoir la nausée.

Le vomi quand il sort par la bouche est un acte inconfortable et douloureux tout comme les maux dont on souffre qui sortent aussi par la bouche qui feraient tout aussi mal que vomir.

C'est ce qu'on appelle « vomir sa souffrance » et dans le cas présent il est plus facile pour moi de contrôler cette phobie du vomi lors d'une maladie que de vomir et digérer le mal qui me ronge.

Dans mon cas, il est probable que ce soit la résultante de multiples facteurs, des rapports forcés avec la nourriture dans mon enfance conduisant à des vomissements et des évènements traumatiques subit.

Pour ce qui est de l'hypermnésie : c'est le contraire de l'amnésie.

L'hypermnésie est un syndrome caractérisé par une mémoire exceptionnelle.

Elle engendre une exaltation de la mémoire et la capacité à se remémorer de manière très précise et sans effort des souvenirs de la petite enfance ou d'un traumatisme vécu.

Ces souvenirs sont principalement visuels mais parfois et ça l'est dans mon cas, de manière sonore, olfactive, tactile avec des émotions douloureuses intactes.

Chaque évènement que je consigne dans ce livre est accompagné d'images et de toute sa douleur comme si je le revivais.

Il est temps de commencer à vous expliquer qui je suis ou plutôt ce que je suis, mais je vous demanderai d'être indulgent(e)s car les émotions et les souvenirs affluent de manière vive et il est probable que je sois un peu brouillonne.

Je ne sais toujours pas à ce jour si la femme que je suis est bien moi ou si je suis simplement celle qu'on aimerait que je sois ou encore celle qu'on a façonné.

Je ne sais plus ce que j'aime, ni même si j'ai déjà un jour réellement su ce qu'était le bonheur total.

Pour le savoir il aurait fallu que je sache la définition de ce mot si tant est qu'il en existe une mais je crois que le bonheur est propre à chacun.

J'ai toujours vécu pour aimer les autres et m'aimer au travers de l'amour qu'ils me renvoyaient. Il a toujours été difficile de m'aimer par moi-même.

C'est dur de ne pas se sentir accomplie, en accord avec soi-même à 41 ans, de ne pas être capable de savoir ce que l'on désire, ce que l'on aime et de ne pas savoir si ce MOI pourrait plaire et être aimé tel qu'il est parce qu'au-delà de ces troubles qui pour moi sont repoussants, je n'ai plus de dents et mon physique est un énorme complexe.

La vérité c'est que d'aussi loin que je me rappelle, j'ai toujours adopté ma façon d'être, de penser, de m'habiller et de vivre en fonction de la personne que mon cœur avait choisi d'aimer.
J'ai tellement vécu l'abandon et le rejet qu'il me fallait à tout prix me façonner un moi qu'on pourrait aimer puisque le vrai moi n'est pas aimable.

Comment penser autrement quand tes propres parents n'ont pas su t'aimer et que d'une certaine manière ta famille entière ne t'a pas aimé comme ils auraient dû le faire en respectant ta personne dans son entièreté ?

Je vous écris tout ça en ayant aujourd'hui enfin trouvé LE psy qui je l'espère m'aidera à pardonner aux coupables, à moi-même et qui sait peut-être m'aimer au moins un petit peu mais également apprendre à vivre avec tout ça.

J'ai récemment compris qu'en fait j'aurai beau faire toutes les thérapies possibles, elles ne pourront jamais totalement fonctionner si au fond de moi je ne veux pas aller mieux ni même si je suis prête pour le bonheur.

C'est un monde que je ne connais pas ou très peu, qui me fait peur et à ce jour, je ne suis pas sûre de mériter le bonheur.

Je crois que je veux juste me punir et continuer à souffrir, je ne mérite pas de vivre ou d'être heureuse, ce n'est pas pour moi sinon je n'aurai pas subi tout ça et puis je dois payer mes erreurs de maman et les marques indélébiles que je laisse malgré moi à mes enfants.

Je dois aussi peut être me punir d'être simplement en vie…

Depuis quelques mois maintenant, j'ai recommencé à me scarifier les bras quand la douleur psychique devient trop grande, c'est mon processus de sécurité à moi.
Quand j'éprouve le besoin urgent de le faire je me cache pour être certaine que personne ne me voit et surtout pas mes enfants.

Il fût un temps où cet acte, je le commettais comme on passerait à table.

Je le faisais tous les jours de mon adolescence pour me faire mal, me punir de ne pas être assez forte pour tout arrêter, me punir de m'être laissée faire, peut être un acquiescement inconscient, une validation de leurs actes qui me salissaient et me détruisaient.

Vous allez sûrement vous dire mais elle est folle !

Ça ne va pas la tête ! Mais laissez-moi vous expliquer comment ça fonctionne pour moi.

Imaginez une cocotte-minute que vous auriez mis sous pression pour faire mijoter votre bourguignon.

Quand elle elle se met à siffler et pour qu'elle n'explose pas vous lui mettez la soupape de dépressurisation afin que la pression s'échappe gentiment, et bien mon cerveau, mes émotions fonctionnent de la même manière.
Quand mon cerveau n'en peut plus, que la douleur devient trop forte, j'ai besoin de me faire mal physiquement afin que ce mal réel et physique prenne le dessus et enfin, le temps d'un instant, j'oublie le reste.

Je n'avais jamais commis cet acte près de Yon le père de mes deux premiers enfants.
J'ai recommencé après ma relation avec Kriss.

Depuis ces quasi deux années avec Kriss, la vie de couple réveille en moi les pires blessures et de vieux démons qui me poussent à commettre cet acte dans les moments de souffrance intense si la personne à mes côtés n'a pas la capacité de me rassurer et me stabiliser.

Je ne sais pas si c'est moi qui ne suis pas faite pour la vie de couple pour le moment ou mon couple en lui-même qui ne me sécurise pas assez.

Le fait est que je ne suis pas pleinement heureuse, même quand je ris, il y a toujours cette plaie béante de souffrance en moi qui me rappelle à l'ordre, une manière de me dire que je n'y ai pas le droit.

J'ai souvent imaginé une vie de princesse dans les moments les plus douloureux de mon enfance.

Dans cette maison de l'horreur ou j'ai grandi, cette même maison où l'on m'a volé mon innocence d'enfant, je m'imaginais le prince charmant qui viendrait me sauver des griffes des méchants qu'étaient mon père et sa compagne du moment.

Une vie de princesse dans laquelle j'aurai un homme gentil, protecteur, doux avec des enfants, des rires, du bonheur et de l'amour.

J'ai eu la chance d'être sauvée à l'âge de 18 ans par Yon.

Il m'a aimé telle que j'étais et dieu sait qu'il lui en aura fallu de la patience pour me supporter.

Je sortais tout juste de cette maison où la vie avec mon géniteur me tuait à petit feu.

Yon n'a pas craint de m'aimer, de m'ouvrir son cœur et sa porte.

Depuis mars 2022, je vis avec Mike.

Il est tout ce qu'il y a de plus câlin, attentionné, bienveillant, devançant le moindre de mes besoins mais lui aussi a des problématiques personnelles à régler et nos soucis personnels nous tirent mutuellement vers le bas et je n'ai parfois plus la force de mener plusieurs combats à la fois.

Je dois me centrer sur moi et mes enfants c'est impératif.

Tant que je n'aurai pas régler tout ça je serais incapable d'aimer sereinement et encore moins si l'homme près de moi est lui aussi "fragile" et ce malgré tout l'amour que l'on se portera.

A ce stade, la relation peut devenir toxique et destructrice si on n'en prend pas conscience.
Le plus douloureux dans tout ça c'est que ce soit le cas alors que l'amour est là.

Mike m'a souvent répété que tant que l'amour est là, il y a des solutions à tout et de l'espoir, que l'amour fait tout mais je ne suis pas d'accord.

Pour ma part si amour doit rimer avec angoisses, jalousie, conflits, stress, doutes, peur, désaccords et que tout ça pèse plus dans la balance que le bonheur, les rires, la confiance, la joie, la sérénité, alors l'amour n'est pas suffisant.

J'ai mal d'écrire tout ça car Mike est vraiment l'homme le plus doux et tolérant que je connaisse. Chaque nuit quand je suis en crise phobique, il m'accompagne avec des massages et des papouilles, mettant entre parenthèses sa propre fatigue, pour être certain que je m'endorme avant lui et cela même s'il ne lui reste que 4h de sommeil.

Pour ça, j'ai une culpabilité énorme, j'ai le sentiment de ne pas lui donner ce qu'il mérite et pourtant je l'aime.

Je vis dans sa maison avec mes enfants mais je ne me sens pas chez moi dans ce lieu, tout a un goût de son passé…

Aucune des pièces n'est à mon image, c'est la maison de son passé, le projet d'une vie antérieure dans lequel je ne trouve pas ma place.

Aujourd'hui, j'éprouve le besoin d'avoir mon cocoon à moi pour le préserver de mes troubles mais nous préserver également de notre toxicité quand les conflits sont trop présents.

Je ne conçois par le perdre, je l'aime et je le sais, c'est LA solution.

Lui pourra de nouveau recevoir du monde sans craindre d'aggraver mes phobies et moi je n'aurai plus cette douloureuse culpabilité de l'avoir isolé socialement.

De même que je pourrais dans mes pires moments avoir ma bulle de solitude dont j'ai tant besoin.

La personnalité hypersensible de Mike instaure chez moi un sentiment d'instabilité et d'insécurité qui ne m'aide pas et ce malgré toute la volonté qu'il met à vouloir me retirer toute ma souffrance et mon mal-être. A trop vouloir me retirer mon mal-être, il l'absorbe et cela nuit à notre relation.

Ce n'est en rien sa faute, pas plus que la mienne, nous sommes deux êtres différents et nous devons essayer de trouver nos marques ensemble sans nous blesser.

Un autre point qui n'arrange rien, depuis le mois d'octobre, je n'arrive plus à dormir dans la chambre, je ne me sens rassurée que dans le canapé et encore même là je m'endors d'épuisement très tard dans la nuit à cause de mes angoisses nocturnes.

Ça peine beaucoup Mike car nous ne dormons plus ensemble et malgré le fait que nous soyons sous le même toit, je lui manque.

Je le comprends mais rien que l'idée me mettre dans le lit me déclenche des crises d'angoisses et des maux de ventre terribles.

Je me suis longtemps demandé pourquoi ?

Puis j'ai fait le lien.

J'ai réalisé que tous les traumas que j'avais subi dans mon enfance avait lieu essentiellement le soir, la nuit quand je dormais dans mon lit et tout ça je le dois à ma première belle-mère, Maria.

Maria, ma première belle-mère, partie 1

Cette femme….
Elle m'a volé mon enfance, m'a détruite, molesté, battue, rabaissée, insultée, salie, et contribué à me sentir violée psychologiquement alors savoir qu'elle vit sa vie impunément me mets parfois en colère.

Comme je l'ai dit plutôt dans mon récit je n'ai pas tous mes souvenirs qu'ils soient bons ou mauvais mais d'elle j'en ai déjà trop et pour 98% ils sont destructeurs.

Ils hantent mon quotidien, mes nuits et ma vie.
J'ai peur chaque jour de reproduire ce qu'elle m'a infligé.

Avant d'être maman, j'avais très peur.
J'avais toujours entendu dire que les futurs adultes reproduisent ce qu'ils ont vécu étant jeunes, alors imaginez moi avec mon patrimoine génétique ce que je risquais de transmettre ou de reproduire avec mes enfants :

- Abandon
- Violence
- Inceste
- Abus et plus
- Humiliation
- Rejet
- Alcoolisme
- Perversion
- Manipulation

- Chantage au suicide
- Culpabilisation
- Victimisation et j'en passe tant la liste serait longue.

Mon histoire

Mes parents se seraient séparés quand j'avais 1an et demi ou 2 ans.
La séparation a été très conflictuelle et destructrice entre eux mais ça je l'ai appris bien plus tard en piquant en cachette les papiers du divorce pour les lire car chez mon père ma mère était un sujet très tabou.
Nous n'étions autorisés à parler d'elle seulement en mal.

Ma mère était un sujet si tabou que je ne me souviens de son existence qu'à partir de mes 8 ou 9 ans, avant ça je pensais que ma mère était ma belle-mère Maria.

Je n'ai aucun souvenir de ma mère petite, aucun souvenir d'une carte reçue pour Noël, d'un cadeau ou ne serait-ce qu'un appel pour mon anniversaire.

S'en était devenu normal, ma mère était Maria.

Vous l'aurez compris, Maria, n'a jamais été ma mère et ça s'est imposé à moi le jour où une fourgonnette de la gendarmerie est arrivée chez mon père avec cette magnifique femme blonde aux longs cheveux blonds accompagné d'un homme, Petro, qui se tenait près d'elle pour nous emmener mon frère et moi chez elle en week-end.

Imaginez...
Vous « grandissez » en pensant que la femme qui est chez votre père est votre mère et un jour les flics débarquent et vous force à aller chez cette femme que vous ne connaissez pas.

En l'écrivant vous n'avez pas idée comme ça me fait mal de visualiser à nouveau ce moment.

Je revois cette scène comme si c'était là, sous mes yeux, palpable, la fourgonnette stationnée devant le portail en bois marron de mon père et la voiture de ma mère de couleur beige grisée garée devant le fourgon, une Peugeot si je me souviens bien.

Je ne me souviens pas de ce week-end, je ne peux même pas vous dire si ce jour-là nous y sommes allés, seule ma mère a la capacité de s'en souvenir.
Finalement, mon frère Yvan et moi, y sommes bien allés et ne voulions pas revenir chez notre père d'après ses dires.

Revenons à Maria, cette femme qui m'a brisé de toutes les façons possibles.
Je ne sais pas si j'ai eu de bons moments avec elle.
D'après ma grand-mère, quand j'étais petite oui il y en aurait eu.

Je pense que tout a basculé quand ma mère est revenue dans ma vie car Maria en était follement jalouse au point de me changer physiquement pour que je ne ressemble pas à ma mère…

Maria avait deux garçons (Jo et Louis) issus de son passé avec lesquels j'ai grandi et malgré l'absence de filiation, je les considère encore à l'heure actuelle comme mes frères et nous avons encore des contacts, donc quand je dirai « mes frères », sachez que je vous parlerai d'eux.

Mon vrai frère Yvan étant handicapé psychomoteur, il était dans une école spécialisée pour malentendant donc quasiment jamais là sauf les week-ends.

Ça a été un bien pour lui car il a été épargné de tout ça. Seul hic au tableau, il a idéalisé notre père et ne jure que par lui et pourtant….

Maria est une femme d'origine réunionnaise et son passé m'était inconnu, je ne suis pas certaine non plus que mon géniteur ait su quoi que ce soit de son passé avant qu'elle ne quitte la maison mais ça j'y reviendrais.

Si je devais la décrire, je dirais qu'elle était complètement folle, elle me terrifiait au point de me déféquer dessus.

Elle buvait à outrance, elle était violente, jalouse maladive, dépressive et hystérique.

Les seuls souvenirs agréables que j'ai d'elle, sont les moments où elle nous cuisinait ses plats réunionnais ou quand elle mettait ses vieux vinyles 33T de Mike Brant et qu'elle chantait.

C'est d'ailleurs arrivé dans de rares occasions de permission au bonheur, qu'avec mes frères nous dansions sur la Lambada et d'autres musiques de zouk.

Maria m'a rendu coupable de violence malgré moi et j'ai encore aujourd'hui en relatant mes souvenirs, ce sentiment d'avoir moi-même porté le coup à mon frère Jo.

Jo, l'un de ses deux fils était le plus battu de nous 3, elle le violentait à la moindre occasion.

Je me rappelle une fois ou elle voulait corriger Jo et m'a demandé d'aller dans sa chambre chercher la ceinture destinée à le punir.
(à suivre)

….

J'avais prévu de continuer à vous parler de Maria mais après une pause écriture de quelques jours, le moral n'étant pas là, je vais simplement consigner mes pensées telles qu'elles me viennent.

Comment devrais-je réussir à vivre avec ces étiquettes ?
Avec les problèmes familiaux que je porte sur mes épaules et dont je ne pourrais pas vous parler ?
Que dois-je faire de ses maux, de ses cases dans lesquelles je me trouve ?
Que dois-je faire de cette culpabilité ?
De cette souffrance et inquiétude ?
Trouble de la personnalité borderline, trouble anxio phobique, stress post traumatique complexe sévère, dépression, anorexie mentale.
Tous ces adjectifs qui me qualifient mais ne m'aident pas.

J'ai mon diagnostic mais pour autant est ce que cela m'aide à avancer ? Non, il me manque les clé pour savoir comment y arriver.

Cela me sert juste à me sentir intégrée dans des cases car s'il y a un diagnostic alors il y a forcément une issue, une solution, un traitement, en tous cas je l'espère…
Ai-je le droit de me plaindre alors qu'il y a mille fois pire que moi ?

J'ai longtemps pensé que non et culpabilisé de me plaindre mais aujourd'hui je sais que j'ai le droit de dire que je vais mal et que j'ai mal.

Alors voilà je vous le dis, je souffre dans mon cœur d'enfant, je souffre dans mon cœur de femme et je souffre également dans mon cœur de maman.

Hier j'ai eu ma séance avec le psy, une séance qui a duré 2 heures quasiment et le contre coup est rude.

Ma vie est compliquée en ce moment, je remets tout en question, allant jusqu'à me demander combien de fois je vais reproduire certaines de mes erreurs.

Je culpabilise de certaines peines de mes enfants car je n'ai pas été la maman que j'aurai voulu être et en même temps qui est capable de me citer le parent parfait ?

Je m'étais faite une promesse, celle de ne jamais reproduire les erreurs de mes parents et malgré moi je l'ai fait…

Alors oui je ne suis pas alcoolique, je ne bats pas mes enfants et je ne les ai pas abandonnés, enfin je le croyais car mes deux grands à un moment de leur vie ont eu ce sentiment et c'est une déchirure pour moi de le savoir, je ne me pardonne pas et ne l'accepte pas.

Je pensais qu'en leurs donnant tout l'amour que je n'avais pas eu moi, qu'en étant présente, en laissant tout dialogue ouvert, en les valorisant, en leur donnant ma vie je serais LA maman idéale mais j'ai appris bien plus tard qu'à trop aimer ses enfants, on les empêche d'avancer et de se créer leur propre identité.

On les met tellement dans une bulle qu'ils ne sont pas armés pour affronter la vraie vie et ses difficultés.

Luc, mon fils

En écrivant je pense à mon grand garçon Luc à qui j'ai fait tellement de mal, je pleure chaque fois que je l'écris ou que j'y pense.

Je ne me pardonnerai jamais d'avoir créé chez lui la même blessure que je porte aujourd'hui et qui m'empêche moi-même d'avancer, la blessure de l'abandon et de la maman qui ne pose pas de limite ce qui a pour conséquence de ne pas rassurer l'enfant et de ne pas pouvoir se situer dans la famille, de ne pas savoir où est sa place et quelles sont ses limites.

A cette époque-là je venais de rompre après presque 2 ans de relation avec Kriss qui m'a littéralement vidée et détruite.

C'était après mon premier divorce.

Facebook venait de sortir sur la liste des réseaux sociaux et je le retrouvais après 11 ans, dans les Landes, là où je vivais et « célibataire ».

Durant et après cette relation, j'étais devenue une loque, l'ombre de moi-même.
Dépressive, angoissée, amaigrie, je m'occupais de mes deux loulous seule et je tentais de continuer mon métier d'assistante maternelle tant bien que mal mais la réalité c'est que je n'arrivais plus à rien.

Je passais mon temps à pleurer et ne me rendais même pas compte que mon petit Luc alors âgé de 8 à 9 ans subissait la peine de sa maman se sentant le devoir de la protéger, de l'écouter raconter ses problèmes et la réconforter.

J'ai donné à mon fils une place d'homme, lui volant son innocence de petit garçon sans même m'en apercevoir.
Il était si intelligent, si mature et si fort que je me confiais à lui lors de mes soucis avec Kriss qui n'était pas son papa.

Dans le sevrage de cette relation toxique, je n'avais pas conscience que tous mes agissements auraient dans la vie de Luc de lourdes conséquences au niveau de l'affect.

Je parle de sevrage car dans une relation avec un pervers narcissique il y a énormément de dépendance et le post relation est très dur.

Ne me jugez pas trop sévèrement s'il vous plaît, je me punis encore chaque jour pour mes erreurs et je n'ai aucune excuse mais vous devez savoir qu'une rupture avec un pervers narcissique est comme l'abstinence à la suite d'une prise de substance illicite sur une très longue période.
J'ai eu beau réussir et ce même tardivement à mettre un terme à cette relation, il me harcelait jour et nuit donc ça a été encore plus dur de couper afin de réussir à tourner la page dans le but de guérir de lui.

Vous l'aurez compris, j'ai échoué et je n'ai pas été une bonne maman à ce moment précis de sa vie…

Le fait est que mon petit Luc avait déjà par son intelligence hors norme, une maturité et une analyse des choses très développée mais aussi une extrême hypersensibilité, c'est souvent le cas des surdoués.

Il avait besoin d'un cadre sécurisant et rassurant que je n'ai pas su lui apporter alors il a cherché les limites de toutes les façons possibles et évidement il avait raison de le faire, c'était même une sacrée force de sa part du haut de ses 8/9 ans de tenter de me dire : « oh, maman, réveille-toi, je suis là et j'ai besoin de toi en tant que mère et pas copine ».

Dans sa manière de faire, je n'étais pas armé et cela avait des répercussions sur mon travail avec les petits que je gardais et sur moi.

Alors un soir où s'est allé trop loin et que pour la énième fois il a réclamé à vivre chez son papa, j'ai fait sa valise et je l'ai conduit chez son papa.
Ce souvenir est pour moi honteusement douloureux.

Ces deux années précédant le jour fatidique de son départ, son papa était déjà intervenu à maintes reprises quand Luc n'allait pas bien tentant à son niveau de le calmer tout en me mettant en garde sur mes erreurs, parfois de manière trop brutale, ce qui ne m'aidait pas, bien au contraire.

C'était un soir d'hiver, il était tard et une fois encore, Luc eu recours à la violence envers moi après que je l'eu contrarié.
Je n'avais plus d'autre solution que d'entendre sa demande, surtout que dans ces moments d'altercations physiques, étant amaigrie et épuisée, il prenait facilement le dessus sur moi en termes de force physique.

Je devais admettre la vérité, je n'étais pas à la hauteur du cadre dont avait besoin mon petit garçon de 9 ans et il serait mieux pour notre relation qui passait de fusionnel à destructrice, qu'il aille vivre chez son papa qui était en mesure de lui apporter la stabilité, le cadre et le confort.

Il ne méritait pas d'avoir une maman comme moi, je devais le protéger de moi avant que ça n'aille plus loin.

Je me souvenais également des propos de son papa qui allait dans ce sens, que j'allais le détruire et le tuer s'il restait près de moi.

Alors quand il m'a dit je veux partir chez papa, je suis allée dans sa chambre et j'ai fait sa valise.

A ce moment-là je me souviens avoir agis comme un robot.

J'ai habillé sa petite sœur Lyna alors âgée de 5 ans et nous avons pris la direction de la voiture.

C'est sur la route que Luc a réalisé que je l'emmenais vraiment et s'est mis à pleurer me demandant d'opérer un demi-tour.

Je n'ai pas pu, son papa était prévenu et j'étais à bout moralement, physiquement et psychologiquement.

Je savais que son papa pourrait lui apporter le cadre et les limites dont il avait besoin pour se sentir à sa place.

J'ai roulé en pleurant durant les 30 minutes de route.

J'ai tellement honte de vous dire tout ça mais j'ai parlé d'un livre honnête à cœur ouvert alors je me dois d'être franche car en réalité il n'y a pas de bons ou de mauvais parents.

Le parent parfait n'existe pas, on continuera toute notre vie d'apprendre dans ce domaine et des erreurs j'en ferais encore mais pas les mêmes.

Je ne peux pas parler d'honnêteté et dire les maux que j'ai subis si je ne suis pas capable de faire de même pour mes erreurs à moi.

Nous y voilà…
Sur le palier de la porte son père nous attend.

Nous avançons Luc et moi en direction de son père qui ne tarde pas à le réprimander pour son geste envers moi et les répercussions sur nos rythmes de vie.
Je suis là à regarder mon fils pleurer, son sac à la main sur le seuil de la porte et je me vide émotionnellement, je sais que je vais être brisée, d'ailleurs je le suis déjà.
Qu'est-ce que je suis en train de faire à mon fils ?
Je regrette déjà tellement, je veux repartir avec lui mais c'est trop tard et puis je lui fais trop de mal, son père me l'a assez répété.
Je dois le protéger de moi…

Après un moment à discuter avec son père, je tourne le dos pour retourner en direction de la voiture où ma fille Lyna m'attends sanglée dans son siège auto.

Elle est alors âgée de 5 ans et ne voit que par maman donc je la garde avec moi.
Le juge validera par la suite après nous avoir entendu sur le sujet à condition que frère et sœur se voient chaque vacances scolaires et week-end.

Je commence la marche arrière quand je vois Luc sortir par la fenêtre de sa chambre et courir après ma voiture… (larmes)

Mon petit cœur si tu savais comme cette scène me hante et me fait mal, comme j'ai honte et que je regrette de ne pas avoir pu faire autrement à ce moment précis de ma vie…

J'ai tellement honte de ne pas avoir été plus forte pour te garder près de moi et te voir grandir, j'ai tellement de culpabilité. Il ne se passe pas une journée sans que je cherche le moyen de réparer cette erreur qui aurait pu éviter, peut-être, tellement de choses.

PARDON mon ange.

Les psys pensent que c'est une force d'avoir eu la capacité de pouvoir dire : je ne peux pas, c'est mieux pour mon enfant, il n'empêche que j'ai dû vivre avec ça durant 11 dernières années.

A partir de ce moment, je prenais conscience qu'une partie de moi serait à jamais chez mon ex-mari. Il me manquerait toujours une raison d'être pleinement heureuse.

Ce soir-là en rentrant chez nous avec ma fille et après l'avoir mise au lit, je suis allée dans la chambre vide de mon fils, vide de lui, vide de son odeur, vide de ses rires, de son doux visage, et j'ai pleuré de longues heures sur son lit…

Cet acte je l'ai reproduit tous les soirs pendant 3 mois après son départ.

Aujourd'hui Luc a 20 ans et j'avoue ne pas avoir passé une seule journée sans me haïr pour ce geste, sans me demander comment il allait, ce que j'avais raté de sa vie, un vide de chaque jour.

Je devais vous parler de ce passage car au moment précis où j'écris ce livre, nous traversons un combat familial qui remet beaucoup de choses en cause et dont je ne peux pas parler mais dans ces remises question, je me demande si mon acte, mes lacunes, mes fragilités n'ont pas une part de responsabilité.

Je me demande à quel point j'ai marqué de manière indélébile mes enfants avec mes fragilités.

Je tente chaque jour de me rassurer en me disant que je ne l'ai pas abandonné en disant « bon ben salut à une prochaine ».
Non, je suis restée très présente dans sa vie, j'ai donné à chacun de mes enfants autant d'amour qu'il est humainement possible de donner.

Vous savez quand j'étais enfant, alors que je vivais dans cette maison de l'horreur, cette maison on l'on m'a volé mon enfance, je me suis souvent imaginé maman.

Dans ma tête tout était limpide, je serais une maman aimante, je n'abandonnerai jamais mes enfants comme ma mère l'a fait, je ne lèverai jamais la main sur eux, je serais toujours là pour eux et je crois avoir répondu à tous mes objectifs sauf celui de l'abandon ou malgré moi j'ai envoyé ce sentiment à mon petit Luc et à Lyna des années plus tard, je vous en parlerai par la suite.

Luc,

Si tu me lis un jour, mon cœur, mon fils, je te demande pardon.

Je te l'ai déjà dit de vive voix mais si tu savais comme j'aimerais effacer cette blessure, si tu savais comme j'aurais aimé être une meilleure version de moi-même pour t'apporter ce dont tu avais besoin.

Tu es un jeune homme tellement extraordinaire, tu mérites ce qu'il y a de mieux dans la vie et j'espère qu'un jour tu réussiras à te rappeler tout cet amour que je t'ai donné et tous nos échanges heureux car malheureusement ton cerveau de petit garçon de 9 ans, pour te protéger, a occulté de tes souvenirs ce passage-là de ta vie avec moi mais il a aussi occulté les bons moments…

Alors mon cœur pardonne moi s'il te plaît, autorise-moi à me pardonner.

Ta maman qui t'aime

Si je devais m'adresser à moi-même, je me dirais : « Priscilla, pardonne-toi, tu as fait ce que tu as pu » …

Je me demande souvent comment il est possible de se construire en tant que femme, en tant que mère quand on n'a pas eu de modèle équilibré et sain.

Pour ma part les modèles que j'ai eus, sont des modèles d'alcoolisme, de violence, de destruction, de conflits, d'actes suicidaires et incestueux.

J'ai grandi avec cette peur incommensurable de reproduire ce que j'avais subis.

Par chance, j'ai reproduit l'inverse mais un peu trop à l'excès.

Trop fusionnel, trop protectrice, trop laxiste là où il aurait fallu sévir par crainte de traumatiser mes enfants ou peut-être la peur inconsciente d'aller trop loin et ne pas savoir m'arrêter….

On vit avec l'âge qu'on a depuis le jour où l'on né.

Personnellement, j'ai le sentiment que la petite fille qui est née ce jour du 24 septembre est morte à l'âge de 12 ans, jour où Maria a quitté le domicile et finit de me « tuer ».

C'est assez étrange d'avoir ce ressenti, une manière de me protéger et me dissocier de ce que j'ai vécu ?

Peut-être … Ou peut être que je ne suis pas prête a accepter que je suis cette même petite fille et que je porte les traces des affres de mon enfances.

Celle qui vit aujourd'hui est une femme qui cherche à se construire et se découvrir, s'aimer par elle-même.

Une femme qui cherche par tous les moyens à dépasser ses souffrances, ses regrets, ses séquelles et la culpabilité qui la ronge pour devenir une meilleure version d'elle-même et apaisée.

Une femme qui saurait aimer sans que cela fasse ressortir en elle toute la souffrance et ses pires côtés allant détruire ses relations.

Priscilla, celle qui est née de l'union de France et David a été molestée, souillée, battue et « tuée » à l'âge de 12 ans dans une maison macabre et glauque.

Le souvenir de cette maison dans laquelle j'ai grandi est tellement vivace que je pourrais, si j'en avais le talent, vous la dessiner dans les moindres recoins.

Une maison pavillonnaire située au milieu d'un lotissement où l'on pourrait croire que la vie y est belle et pourtant au milieu de ce paraître idyllique, une seule sortait du lot et n'était qu'apparence : la nôtre.

Je suis capable de citer pour chacune des pièces tous les horribles souvenirs encore présents en moi.
Chacune des pièces de cet endroit renferment un lourd secret abject et malsain, même l'entrée de la maison est source de souffrance.

L'entrée de la maison

Nous avions à l'époque un border colley « image », un amour de chien, mon chien, mon meilleur ami et il était heureux jusqu'à ce que Maria décide d'avoir un Yorkshire « Amour ».

A partir de là, Image a souffert le martyre comme nous.
Il a été maltraité par Maria.
J'ai eu beau tenter de le protéger, de l'aimer, ils ont fini par s'en débarrasser ces en***** !!

A force d'être rejeté et maltraité, Image a un jour commis un acte qu'il n'aurait pas dû en mordant le Dr qui venait voir mon géniteur.

A la suite de ça Maria a décidé que le chien n'avait plus sa place dans la maison, elle l'a barricadé dans un tout petit emplacement à côté de la porte d'entrée.
Image n'avait même pas la place de tourner sur lui-même il ne pouvait que rester assis.
Ce souvenir me fait encore si mal...

J'avais beau écarter les barrières en faisant le ménage, elle passait derrière moi pour les resserrer et la crainte d'une correction me contraignait à devenir plus vigilante.

L'hiver est arrivé et Maria a décidé qu'Image devait dormir dehors dans le froid.
Mon pauvre bébé commençait à perdre son poil, une odeur nauséabonde et des croutes recouvraient son corps et son pelage.

Je me levais la nuit en douce pour aller dehors avec une couette afin de le couvrir et lui faire des câlins, je voulais qu'il sache que je l'aimais, que je n'étais pas comme elle.

Ça a duré des mois comme ça jusqu'au jour où je suis rentrée du collège et que je n'ai plus vu mon chien.
J'ai eu le droit à une excuse bidon.
Soi-disant un des clients du magasin de mon géniteur qui était chasseur l'aurait adopté, sauf qu'à partir de ce jour-là, nous n'avons jamais revu ce dit client qui pourtant venait très régulièrement au magasin.

J'ai pleuré la perte de mon chien et la violence qu'il a subi durant de nombreuses nuits, j'ai même pensé qu'il viendrait me hanter et me punir de ne pas avoir su et pu le protéger.
Je me souviens avoir gravé son prénom sur la poutre au-dessus de mon lit afin de le garder près de moi et par peur de l'oublier.

J'ai fini par détester Amour même s'il n'avait rien demandé car s'il n'était pas entré dans nos vies, rien de tout ça ne serait jamais arrivé.

Cette entrée de maison contient tellement d'autres souvenirs horribles.
Le nombre de fois ou la porte a claqué par colère ou verrouillé pour condamner la sortie.

Parlons de mes retours d'école, de cette angoisse qui me tiraillait les intestins dès que la sonnerie retentissait.

Je voyais tous mes camarades de classe se réjouir de rentrer enfin chez eux alors que moi je ne demandais qu'une chose, rester à l'école car j'y étais en sécurité.

Je faisais toujours mes trajets avec ma meilleure amie Sabine et je ne remercierai jamais assez la vie de l'avoir eu à mes côtés durant mon enfance, sans elle je n'aurai jamais tenu le coup.

Sabine était toujours là pour moi.

C'était aussi le seul endroit où je pouvais me réfugier quand je me sauvais de chez moi.

J'enviais tellement sa vie, elle avait sa maman près d'elle et son papa.

Sa maman était douce et leur relation juste idyllique.

Je les regardais souvent en m'imaginant à sa place avec ma maman qui me coifferait les cheveux ou me prêterait ses vêtements de la même manière que Sabine le partageait avec la sienne.

Quoi qu'il en soit, lorsque nos chemins se séparaient, des douleurs intestinales et une envie pressante d'aller à la selle me tiraillait car je ne savais jamais ce que j'allais encore devoir affronter.

Cet après-midi-là en arrivant, j'eu la surprise de voir Maria m'attendre sur le pas de la porte avec de la crème récurante à la main, une brosse à dent et 2 sacs poubelle bleus de salle de bain.

Elle m'ordonna de chausser les sacs à mes pieds en guise de sur chausson et m'enjoignis de me mettre à quatre pattes pour récurer tous les joints du sol de l'entrée et de la cuisine.

Elle ajouta que je n'aurai le droit de goûter et faire mes devoirs seulement lorsque ma tâche serait terminée.

Maria se plaisait à dire qu'il était normal de faire tout ça par amour pour sa "mère". Si encore il n'y avait eu que ça à accomplir pour assouvir ses désirs pervers…

Je ne compte pas les fois où je devais, pour mériter d'aller voir Sabine, lui masser les pieds après les lui avoir fait tremper dans de l'eau chaude avec du gros sel pour ramollir ses peaux mortes pour pouvoir les enlever avec la râpe à peaux mortes.
Je devais ensuite lui arracher un à un ses cheveux blancs.

Je détestais ces moments-là, plus je grandissais et plus elle me révulsait. Je la revois allongé sur ce sofa marron à prendre plaisir face à ma soumission devant elle et répondant aux moindres de ses désirs.

J'avais 9/10 ans, je commençais à prendre pleinement conscience à quel point elle était malsaine et puis j'avais aussi ma maman, ma vraie maman qui faisait partie de ma vie par période.

Le fait est que je devais quand même faire tout ce qu'elle demandait sous peine de la voir partir en crise et être punie ou corriger.

La salle de bain

Le souvenir du gros sel sous ses pieds, me renvoi à un autre souvenir tout aussi vivace en rapport avec ma toilette intime.

J'étais selon elle, une « salope » d'avoir couché avec mon père et elle devait me nettoyer pour me purifier.

Elle avait rempli cette bassine rose foncé dans la baignoire avec de l'eau chaude et du gros sel.

Je ne comprenais déjà pas pourquoi elle m'avait toujours reproché de coucher avec mon père mais à cet instant précis je ne savais pas ce qu'elle attendait de moi.

Elle me demanda de me dévêtir, de rentrer dans la baignoire.
Elle me frotta les parties intimes avec l'eau et le gros sel pour me nettoyer, elle devait penser que cela me nettoierait d'un pseudo pêcher que j'avais commis.
J'avais mal mais je ne bronchais pas, je ne savais pas à cet instant précis que son geste n'était pas normal et qu'il allait me marquer à vie mais surtout que c'était une forme d'abus.

Je dois vous confier que c'est très dur pour moi d'écrire tout ça.
Chacune des phrases que je consigne sont accompagnées de souvenirs violents qui me font revivre toutes les émotions associées où même mon corps s'exprime.

La salle de bain renferme d'autres actes violents.

Un soir où Maria avait bu à outrance, elle me réveilla en pleine nuit me hurlant dessus d'avoir tué sa fille Jessica.

Ah oui j'oubliais de vous dire que Maria, par période, grisée par l'alcool, m'appelait Jessica, une fille qu'elle aurait eue avant d'être avec mon géniteur.

Donc, je dormais dans ma chambre à l'étage et d'un seul coup je suis réveillée par cette folle hystérique, qui me hurle dessus, cigarette à la main et me demande ce que j'ai fait de Jessica, où je l'ai mise, pourquoi je l'ai tué et que Jessica va venir me hanter et me tuer.

Je suis complètement paniquée et affolée.

Je suis encore groggy par le sommeil.

Je ne comprends pas de quoi elle me parle, je ne connais pas de Jessica mais surtout je constate qu'elle est ivre et ça la rends plus dangereuse et incontrôlable, imprévisible.

Ses yeux sont injectés de sang, j'ai l'impression que ma vie va s'arrêter et que personne ne va me sauver mais mon père arrive et la repousse lui ordonnant de me laisser tranquille et de s'éloigner de moi.

Son unique geste héroïque à mon égard lui a valu une brûlure de cigarette dans le cou lorsque Maria a écrasé son mégot sur lui.

Il la bouscule, m'attrape et me demande de prendre mes affaires pour que l'on parte.

Nous sommes à peine arrivés en bas que la dispute se poursuit quand mon père veut récupérer le coffre qui contient la recette du jour de son magasin dans leur chambre car Maria exige que l'argent reste avec elle.

Chaque soir, à la fermeture de son magasin, mon père avait pris l'habitude de ramener le fond de caisse à la maison et de le ranger dans leur armoire sous une pile de vêtements.

Pendant que mon père est dans la chambre, elle s'éloigne un moment.
Lorsqu'elle sort de la cuisine comme une folle, elle tient à la main une hache à viande et tente de m'attraper.
Je me souviens n'avoir jamais couru et eut aussi peur de ma vie.

Je suis dans le couloir à attendre mon père qui s'interpose et me pousse dans la salle de bain, il rentre dedans et ferme à clé. A peine le temps de dire ouf, que la hache transperce la porte et reste coincée dedans.
De l'intérieur, nous pouvions voir un bout de la lame coincée.

Ce jour-là, ne me demandez pas comment elle s'est calmée car le choc a fait que c'est le trou noir en revanche ce dont je me souviens c'est que nous avons fini par partir de la maison pour aller là où nous allions souvent quand ça dégénérait : le bureau de son magasin.

Nous y installions des paquets de couches en guise de matelas et nous dormions là à même le sol.
Il faisait si froid dans ce bureau et j'avais en guise de couverture mon manteau.

Nous avions beau être en lieu sûr quant à Maria je n'étais pour autant jamais sereine dans ce lieu seule avec mon père.

Je reviendrais plus tard sur les détails de cet événement à la hache dans la salle de bain, car à la suite de ça, il s'est passé beaucoup de choses mais aussi le départ de Maria avec mon demi-frère Junior.

Ma chambre 2 à l'étage

Je me souviens de cette chambre, elle aussi empreinte de terribles souvenirs.
Vous allez me dire et ta mère dans tout ça, ou ta famille, ils n'ont rien fait pour te protéger ? Ils ne savaient pas ?

Ma réponse va vous surprendre.

En ce qui concerne ma famille paternelle, il m'aura fallu des années pour couper les ponts et leurs en vouloir de n'avoir jamais agi car tous autant qu'ils étaient, savaient ce qu'il se passait à la maison.

La vérité c'est qu'ils devaient avoir peur de la réaction de mon père qui pouvait se montrer très colérique et impulsif alors il était plus « normal » de laisser des enfants souffrir que de contrarier Mr David qui à l'époque était un alcoolique notoire.

Quant à ma mère, elle n'était plus dans ma vie à ce moment précis, elle a découvert tout ça bien plus tard donc elle n'a pas pu agir et pourtant vous n'imaginez pas le nombre de fois où je la pleurais.

Je l'imaginais là, près de moi, dans un monde où je ne serais plus en danger.
J'imaginais très bien son odeur, son visage, sa voix, j'ai si souvent pensé à elle, je l'ai si souvent pleuré et rêvé.

Je tenais fermement dans ma main, le soir couchée dans mon lit, une grappe de raisin, en pierre naturelle qu'elle m'avait donné, en imaginant que c'était un bout d'elle.

Elle m'a tellement manqué.
Encore aujourd'hui, ça reste très douloureux.

A ce moment précis je devais avoir 11/12 ans.
J'enviais ma demi-sœur qui vivait avec elle.
Une jolie blonde issue de la seconde union de ma mère. J'aurai pu être à sa place

Ma mère manquait cruellement à ma vie…

Je l'aimais d'un amour inconditionnel mais je la haïssais à hauteur de l'amour que je lui portais car je lui en voulais de ne pas être là, de ne pas venir me chercher et m'emmener à l'abri près d'elle.

En conclusion, ma maman, n'a pas pu me protéger de tout ça car elle n'était au courant de rien et le peu qu'elle savait, les rares fois où je lui en parlais, je ne lui laissais aucune ouverture pour agir.

Aurait-elle agi si elle avait su ? Je ne saurais vous dire car la relation de couple qu'elle vivait avec Petro la détruisait et à cette période ma mère n'était pas encore vraiment mère, il lui manquait le lien, cet instinct maternel.

Je vous parlais de cette chambre à l'étage, je précise « étage » car j'ai d'abord eu une chambre en bas au tout début, à côté de celle de mon père.

Déjà il faut savoir que sans parler de la chambre en elle-même rien que la pièce à côté de laquelle je me situais vous donnerez la chair de poule.

C'est dingue je réalise en écrivant que tout ce que je vous raconte est digne d'un film d'horreur crée par un scénariste vraiment torturé et doit être difficile à croire, et pourtant…
Comment vivre normalement avec tout ça ?
Et dites-vous que vous ne savez pas tout encore.

Concernant cette fameuse pièce à côté de ma chambre voilà la petite histoire.

Maria, dans ses périodes de démences ou sous l'emprise de l'alcool, avait des pratiques en lien avec le spiritisme et la magie noire et nous plongeait dedans alors que nous étions tous âgés de 5 à 10 ans.

Elle invoquait les morts et avait aménagé cette pièce de manière à pouvoir faire ses incantations et ses prières bizarres.
Elle a d'ailleurs une fois menacé de jeter un sort à mon encontre pour que Jessica vienne me voir afin de mettre fin à mes jours en signe de vengeance.

Vous imaginez bien que déjà juste passer devant cette pièce était effrayant mais surtout cela affectait notre objectivité à mes frères et moi quand nous étions confrontés à des phénomènes étranges et c'est arrivé, croyez-moi.

Le fait est que durant deux années, je ne dormais pas la nuit.
Je les passais à lire ou à dessiner car je croyais voir des choses près de mon lit, j'étais pétrifiée.
Parfois, je sortais par le Velux afin de m'assoir sur le toit.
Je rêvais à une vie meilleure, ailleurs ou simplement nulle part, je voulais ne plus être de ce monde.

Je m'entrainais aussi à imiter la signature de mon père pour mes bulletins afin d'éviter de me prendre des coups par Maria pour chaque matière où l'on aurait dit que je bavardais en classe.

Oui, petite parenthèse, Maria refusait que je puisse bavarder en classe alors chaque fois qu'il était indiqué que c'était le cas et ce malgré mes bons résultats, je prenais une gifle.
Autant de fois que le mot apparaissait ma joue rougissait sous les coups.

La chambre dans laquelle j'étais n'était pas la chambre idéale.
Un lit, une table de salon en verre horrible en guise de bureau, une armoire, des livres et une chaine hifi que j'avais eu à noël.
Dans ma chambre vous n'auriez pas trouvé de jouets de fille, aucune poupée, pas de quoi se maquiller ou jouer aux princesses, non, ma chambre était aussi froide et glauque que les gens qui vivaient dans cette maison.

Vous allez me dire que j'aurai pu m'estimer d'en avoir une de chambre déjà, un toit pour manger et dormir mais sincèrement j'aurais préféré ne rien avoir si ça avait signifié que je puisse vivre en sécurité et être une enfant heureuse et aimé.

Il faut savoir que nous n'avions pas le droit de manger beaucoup d'aliments plaisir au gouter.

Bonbons, chocolat ou autre ne nous était que très rarement autorisés. C'était très rudimentaire et basique (je me souviens de ces biscuits secs avec les messages écrits dessus) donc quand il y avait ces petits plaisirs dans les placards cela devenait très tentant.

Pour pouvoir avoir le droit de prétendre à des petits bonbons, je devais aller travailler au magasin de mon père.

Mise en rayon, encaissement, ménage, commande de pain, j'ai connu le monde du commerce très jeune.

Ce qui devait arriver, arriva, Priscilla, gourmande, alla piquer du chocolat Milka pour en manger en cachette mais Priscilla oublia de planquer le papier du chocolat et Maria le trouva dans la poubelle de sa chambre.

Lorsque Maria trouva le papier dans ma poubelle, elle dégoupilla.

En plus de me mettre une gifle, elle prit le papier dans ses mains pour le chiffonner afin d'en faire une boule et me dit :
« Alors comme ça tu as faim ? Tu veux devenir une grosse vache comme ta mère ? Alors tiens mange ! » et m'enfonça le papier si loin dans la bouche que je cru vomir (peut être une contribution à ma phobie du vomi).

L'autre anecdote de cette chambre est en lien avec mon petit frère Junior.

Mon père et Maria ont eu un enfant ensemble, nous avons 5 ans d'écart.

Junior m'avait rejoint le soir dans ma chambre alors que nous devions être couchés et dormir.
Il était d'humeur taquine, joyeuse et nous chahutions ensemble.
Je lui ai raconté une blague de toto lorsque ma belle-mère a surgi comme une hystérique.

Elle m'a attrapé par les cheveux me traitant de salope tout en tapant ma tête contre la tête de lit ce qui me valut un saignement de nez et un œil au beurre noir.

Beaucoup plus tard, dans cette même chambre je subis l'abus de Freud, le fils de ma seconde belle-mère et là il y a beaucoup à raconter mais je vous en parlerai plus tard.

J'ai conscience qu'il y a pire dans la vie et je culpabilise souvent quand je réalise que je parle un peu trop des séquelles de mon passé.

Je me dis souvent mais punaise, arrête, tu marches, tu respires, tes enfants sont en bonne santé, tu n'as pas le droit d'être aussi mal et je me hais souvent pour cet état d'esprit fragile à mes yeux mais pour autant je crois avoir le droit de dire que je souffre tout en étant consciente que je n'ai pas le monopole et qu'il y a pire que moi.

Je me suis tu durant des années, j'ai avancé comme j'ai pu, j'ai commis des erreurs, je me suis souvent sentie anormale, exclue, folle, mauvaise maman, faible et certaines personnes ne sont pas gênées de me le rappeler ce qui ne m'a d'ailleurs pas aidé.

Aujourd'hui je veux hurler au monde entier ce que j'ai vécu car il n'est pas normal qu'un enfant qui a vécu de telles horreurs se taise pensant qu'il est coupable et qu'il sera puni s'il révélé tout ça.

Il n'est pas normal que je culpabilise de leurs faire du mal en parlant. Il n'est pas normal que j'ai peur de ne pas être entendue, reconnue et prise au sérieux.

Même en écrivant mon livre, je pense aux éventuelles répercussions et la peur et la culpabilité me submergent.

Je me dis que ça peut détruire la vie de mes coupables et malgré le mal qu'ils m'ont fait, c'est dingue, mais j'ai de la culpabilité à risquer de leurs imposer ça.

Je pense aussi beaucoup à ma grand-mère car c'est la maman de mon père et elle a déjà beaucoup encaissé dans la vie.
Je sais que ce livre peut l'affecter car elle aime son fils malgré tout et veut le protéger.

Je sais qu'elle sait au fond d'elle qu'il a commis des choses horribles. Mamie si un jour tu me lis, pardonne-moi, ce n'est pas contre toi, je t'aime énormément et tu le sais ma petite mamie mais j'ai besoin d'avancer et ça passe par l'écriture de ce livre, de mon histoire.

Si aujourd'hui je suis atteinte de tous ces troubles qui se répercutent sur ma vie professionnelle, sociale et affective c'est leurs fautes et il n'est pas normal que je sois la seule à subir et à souffrir après autant d'années.

Je veux m'en sortir et ça passera par l'écrit, par la mise en place de mots indélébiles sur mes maux.

Ce qui est terrible dans tout ça c'est qu'en plus d'avoir eu une enfance destructrice et horrible, d'avoir souffert, d'avoir souhaité mourir, je souffre encore maintenant des séquelles.
C'est injuste, c'est comme si je devais être punis et continuer de souffrir éternellement et je vous jure qu'il y a des jours où j'aimerai

que tout s'arrête mais je n'en ferais rien car mes 3 enfants malgré la maman que je suis ont besoin de moi, enfin je crois…

Je dois rester et tenir pour eux mais je sais aussi qu'un jour, j'espère le plus tard possible j'aurai besoin de partir, de me reposer, de couper et tout recommencer à zéro…

Comme on parle de punition, je vais vous confier quelque chose sur ma vie de femme.

J'ai toujours eu des problèmes pour passer à l'acte dans ma vie de femme.

Pendant longtemps j'ai pensé que je n'étais pas normale car après chaque rapport je me sentais sale et durant l'acte j'avais peur et souvent pas de désir, j'avoue et je m'excuse d'avoir souvent simulé le plaisir.
J'ai souvent accompli l'acte par obligation conjugale et peur de perdre l'homme que j'aimai et cela me provient de l'éducation sexuelle indirecte de ma mère et des différentes formes d'abus que j'ai vécu.

Il m'aura fallu beaucoup d'années de thérapie et analyses de souvenirs en ma possession pour savoir d'où ça venait même si à ce jour ce blocage n'est pas résolu ce qui me fait toujours craindre la tromperie et l'abandon de la personne que je choisi d'aimer.

Je suis extrêmement jalouse du fait de ne pas avoir la capacité d'accomplir aussi souvent que je « devrais » mon devoir de femme.

Comment savoir ce qu'est une vraie relation de couple et comment doit se comporter une femme dans l'intimité quand pour toi ça rime avec « se forcer » « sale » « peur » « obligation » et pourtant j'aime tellement fort, trop fort, l'homme avec qui je choisis d'être…

J'ai toujours entendu de mes deux belles-mères que j'étais qu'une salope qui couchait avec son père mais je vous promets que d'aussi loin que je ne me souvienne, jamais de ma vie cela ne s'est produit en tous cas pas avec mon consentement, en revanche j'ai des souvenirs assez diffus sur le sujet.

La vérité c'est que j'ai été violée et abusée et de toutes les manières possibles mais je ne le savais pas.
Quand on est enfant ces termes sont inconnus, même pas on y pense, cela n'existe que dans les films dramatiques ou les faits divers aux informations.
Je ne savais pas qu'il y avait plusieurs types d'abus et de viols possibles.

Pour pouvoir dire que l'on a été violé, il faut qu'il y ait intrusion dans un de nos orifices sans consentement et ce n'est pas nécessairement une partie intime qui doit être introduite, cela peut être un objet.

Aujourd'hui, c'est douloureux et j'en ai honte mais je peux dire que j'ai été abusée et/ou violée physiquement et psychologiquement par Freud, Kriss dans le cadre d'un viol conjugal, ma belle-mère et mon père.

Mes doigts ralentissent sur le clavier à cet instant précis.
La peur des réactions de ma grand-mère, la peine que je vais infliger, est ce qu'on va me croire ?

Toutes ces pensées affluent dans ma tête et me font mal mais qu'importe je sais ce que j'ai vécu et je suis prête même s'il le fallait à passer au détecteur de mensonge pour me faire entendre et prouver la véracité de mes écrits.

C'est le moment de vous parler de LUI

David, mon géniteur, un père en théorie.

C'est le point le plus flou et le plus douloureux, qui fait qu'aujourd'hui je ne peux pas affirmer jusqu'où l'acte incestueux est allé car l'amnésie partielle est présente.
Je ne sais même pas si on peut dire acte incestueux de ce dont je me rappelle mais je sais que cela reste anormal et que cela m'a traumatisé et effrayé.

Quand ma belle-mère Maria a quitté la maison, je me suis retrouvée seule avec mon père et pour être franche hors mi ce passage que je vais vous décrire dans les moindres détails, c'est le néant, je ne me rappelle rien avant l'arrivée de Joëlle et de son fils Freud.

S'en est frustrant et douloureux mais aucun professionnel ne veut m'aider à me souvenir car il parait que si mon cerveau a bloqué c'est qu'il n'a pas la capacité de supporter les faits.

Quoi qu'il en soit, Maria était partie de la maison avec ses deux fils et mon petit frère Junior.
Je vous raconterai son départ plus tard, là je veux vous parler de ce moment précis.

Mon père était toujours alcoolique et moi j'étais terrorisée, traumatisée dans cette maison glauque et sombre.

Mon père m'avait demandé de mettre un matelas une place à côté de son lit près de son côté pour y dormir afin de ne plus avoir peur.
Je n'aimais pas cette idée, quelque chose au fond de moi était en alerte mais je n'arrivais pas à savoir quoi.

Le soir depuis le départ de Maria, nous avions un rituel quand j'avais fini la vaisselle, nous jouions à la Nintendo 64 qui était dans sa chambre.

Nous faisions des parties de Mario et j'avoue que ce moment-là était cool, on rigolait jusqu'à tard malgré le fait que je devais aller au collège le lendemain. J'en arrivais le temps d'une partie de jeu à occulter un peu le reste.

C'est dingue, je revois tout.

Cette chambre aux meubles en hêtre foncé et l'odeur de tabac à cause du cendrier de mon père posé sur la table de nuit, cette énorme télé cubique dans le coin de la pièce juste à côté de la fenêtre.

Cette immense armoire à 3 portes était dotée d'un miroir apposé sur la porte centrale.

A l'intérieur de l'armoire, dans la partie gauche, des étagères et dans le bas des étagères, cachés dans les vêtements, des magazines pour adultes et des photos de mariage de mon père et ma mère.

La partie du milieu elle aussi disposait d'étagères et la partie de droite contenait une penderie.

Sur les murs un vieux papier peint saumoné et sur le sol une moquette dans les tons de violet/bordeaux.

La fenêtre arborait des voilages effet travaillé blancs à motifs et au-dessus de la tête de lit, un crucifix.

Ce soir-là, lorsqu'il a éteint la console, il m'a demandé de lui faire un câlin.

Afin de mieux vous raconter, je vais le narrer sous forme de dialogue.

- Viens me faire un câlin, me dit-il.

La peur me tiraille déjà, je ne comprends pas pourquoi car ce n'est qu'un simple câlin et en plus on s'est déjà fait un bisou de bonne nuit donc pas besoin de ce câlin.

Je m'approche hésitante et du bout des bras lui fait un câlin.
Cela ne lui convient pas :

- C'est pas un câlin ça, qu'est ce qu'il y a tu n'aimes plus ton père ? Tu peux me faire un câlin…
- Je viens de t'en faire un là papa, c'est bon
- Non, je te parle d'un vrai câlin, tu peux venir à côté de moi, c'est bon je suis ton père, tu as peur de quoi?

- Je n'ai pas peur, lui dis-je.
La vérité c'est que je suis terrorisée, il fait sombre, je ne veux pas me mettre à côté de lui, je suis bien par terre sur mon matelas, j'ai mal au ventre et je ne sais pas pourquoi.
- Mais c'est bon papa, je suis bien là par terre
- Bon arrête, je te demande de me faire un câlin, un vrai câlin c'est pas sorcier !

Il est enivré, je l'entends à sa voix et son haleine empeste l'alcool, son regard est brillant et rouge, ses joues et son cou également.

Le ton est différent et malgré la peur je n'ai plus le choix alors je me souviens être montée sur le lit.
J'étais déjà de son côté par terre sur mon matelas, il ne m'a pas fallu beaucoup d'effort pour me retrouver allongé à côté de lui.

Je me rappelle que ce côté de base était celui de Maria mais il s'y mettait pour être près de mon matelas.
Je suis allongée à côté de lui et me tourne face au mur, il fait sombre.
Je suis dos à lui.
Le réveil et le bouton de veille de la télé laisse paraitre un semblant de lumière.

Il se colle à moi et me dit : "alors tu vois c'est pas compliqué de faire un câlin à son père".
Je sens son corps se coller au mien et avant que ce soit le trou noir je ne sens qu'une seule chose, son sexe dur collé contre moi...
Je n'aime pas ça, c'est bizarre, j'ai peur.

Je ne saurais jamais ce qu'il s'est passé après et ça me hante.
Ai-je dormi avec lui ?
Suis-je restée longtemps dans le lit ?
Je ne me souviens pas et ça me mets en colère car je veux comprendre pourquoi m'a-t-on si souvent accusé de coucher avec cet homme qu'est mon père.

J'aimerai me souvenir car je me demande encore aujourd'hui pourquoi Maria et Joëlle m'ont toutes les deux accusées de coucher avec mon père.

J'ai à côté de ça d'autres images qui viennent s'ajouter et les dires de Maria que j'ai recontacté après mon second divorce car je voulais des réponses à mes interrogations.

Lorsque j'étais plus petite, je me souviens que lorsque mon père rentrait tardivement à la maison nous étions déjà couché mes frères et moi.
Ma chambre était en bas, non loin de celle de mon père.
Je le vois systématiquement venir s'assoir sur mon lit et me caresser longuement la frange au point de la rendre aussi douce que de la soie.
Pas une parole, rien que cette caresse dans mes cheveux.
Je ne le vois pas sortir, je ne vois pas quand je m'endors, tout est noir.

Lors de mon second divorce cette blessure m'a hanté plus que jamais et avec l'aide de Jo et Louis, j'ai pu avoir ses coordonnées téléphoniques.
J'étais alors âgée de 32 ans lors de cet appel.

Quand elle a entendu que c'était moi, avec le plus grand culot, elle m'a appelé sa petite fille chérie et ne s'est pas privé de me dire combien elle m'aimait.
Je l'ai très vite remise à sa place lui disant qu'elle n'était pas mère, que je n'étais pas sa fille et que je l'appelais dans un but bien précis et que tout son charabia et ses excuses ne m'importaient pas.

Suite à ça, je lui ai dit : « j'ai une question, pourquoi   m'as-tu toujours accusé de coucher avec mon père ? ».
Sa première réponse a été de nier puis elle a ajouté tu ne te souviens pas ?

Après lui avoir répondu à la négative, elle m'a expliqué que petite, mon père dormait avec moi dans sa chambre, porte fermée à clé et que mes frères dormaient avec elle. Il semblerait que Maria n'avait pas le droit de venir dans la chambre.

Elle semblait choquée que je ne me souvienne pas car elle en aurait souffert.

Elle a ajouté qu'elle ne savait pas ce qui se passait dans la chambre mais qu'elle n'avait jamais trouvé ça normal et que ça justifiait ses accusations.

Après avoir raccroché, j'étais secouée, ça venait se rajouter à mes impressions, mes peurs profondes et mes quelques souvenirs mais ça ne m'en disait pas plus.

Peut-être que ce n'était que ça mais pourquoi Maria et Joelle m'ont accusé de ces actes que je n'ai jamais commis et dont je ne me souviens pas ?

Chaque souvenir de mon père qui entre dans ma chambre, n'est pas assorti du souvenir de sa sortie, de même que toutes les fois où je me vois surveiller son retour à la maison, je ne sais pas si j'attends impatiemment son retour ou si je craignais qu'il rentre.

La vérité c'est que j'avais peur de lui et que toutes les situations où je me suis trouvée seule avec lui je ressentais toujours une peur malsaine au fond de moi y compris lors de nos nuitées sur les paquets de couches dans son bureau quand nous avons fuis Maria ou bien même quand nous avons été amenés à dormir dans la chambre d'amis de mes grands-parents paternels.

Certes il y avait deux lits séparés mais chaque moment seule avec lui a été un moment de peur et d'appréhension de ma part.

J'ai toujours eu ce sentiment bizarre qu'il ne m'aimait pas de la bonne manière, qu'il voyait peut-être ma mère au travers de moi car je ressemble beaucoup à ma maman.

Je ne saurais jamais la fin de cette nuit-là ni toutes les autres, quoi qu'il en soit, sentir son sexe contre moi n'aurait jamais dû avoir lieu. Jamais de la vie, une jeune fille âgée de 12 ans ne devrait sentir le sexe durci de son père contre elle.

Je ne me sens pas bien en écrivant tout ça.
J'ai la nausée et la tête qui tourne, j'ai peur et cette peur me hante depuis trop longtemps, cette peur m'empêche aujourd'hui d'être une femme « normale ».
Je parle de mes relations intimes avec les hommes.
Je crains les hommes et encore plus s'ils ressemblent de près ou de loin à mon géniteur, que ce soit physiquement ou dans les mimiques.

Tellement de souvenirs le concernant affluent dans ma tête, mon cerveau et mon cœur vont exploser.
Comment fait-il lui pour arriver à vivre en couple normalement quand moi je suis brisée et détruite, ce n'est pas juste.
Pourquoi en plus d'avoir vécu tout ça, je devrais
aujourd'hui encore, être punie en continuant d'être hantée par tous ces vieux fantômes ????

David était un homme alcoolique, colérique, susceptible, rancunier, caractériel mais il pouvait aussi avoir ce côté généreux en amour et démonstratif, toujours une petite attention, un petit geste mais l'alcool venait toujours tout gâcher.

Je me souviens que je me levais la nuit pour mettre une légère trace de crayon de papier sur la bouteille de rosé dans le frigo afin de vérifier s'il se levait la nuit.

Je découvrais chaque matin que même la nuit, le passage à l'hydratation alcoolisée lui était indispensable, voir vitale.

Il était capable de s'énerver s'il n'avait pas son verre et ce même à un repas de famille où très souvent ses frères et sœur lui disaient « ça suffit David, tu prends le volant » mais aussi car sous l'effet de l'alcool il devenait agressif et colérique.

Plus tard quand son magasin a été mis sous scellés pour liquidation judiciaire, je découvrais tous les cadavres de bouteilles cachées partout derrière les rayons, dans le bureau, dans les recoins de la cour attenant à son magasin, la réserve.

Une collection de bouteille vidée durant sa journée de travail.

Cette addiction à l'alcool et aux jeux auront eu raison de son magasin.

L'alcool a détruit sa carrière à un moment de sa vie et a même failli avoir raison de sa vie puisqu'il a failli en mourir d'un accident de scooter.

Sur la route qui le menait au village où se situait sa petite supérette, il a fait un soleil avec le scooter et il a été retrouvé à plusieurs mètres de son véhicule à deux roues.

Il a fini dans un sale état à l'hôpital mais ça a eu du bon car on lui a imposé un sevrage forcé dû au taux d'alcool trouvé dans son sang à seulement 14h.

Le sevrage n'a malheureusement pas duré, il est vite retombé dedans à peine sorti de l'hôpital, je ne me souviens pas avoir connu mon père sobre.

De cet homme, je garde d'autres traumas, notamment la violence à deux reprises envers moi avec une ou je porte encore la trace physique.

Maria avait pété un plomb.
C'était peu de temps avant son départ je devais avoir 11 ans et je commençais à la repousser.
En plus de la peur, maintenant, elle me dégoutait.
L'appeler maman me donnait la nausée, d'autant que j'avais une vraie maman maintenant.
Cet après-midi-là comme à son habitude, elle aussi alcoolisée, me demanda de lui dire que je l'aimais et qu'elle était et serait toujours ma maman.

Cette fois-là, pour la première fois de ma vie à ses côtés, j'ai refusé, ce qui l'a mise hors d'elle.

Elle s'est levée précipitamment en me bousculant me disant que j'allais le payer.
Elle est partie en direction de sa pièce destinée à jeter des sorts. Ses deux fils qui avaient entendus sont sortis et m'ont demandé ce qu'il s'était passé.

Après leurs avoir tout racontés nous sommes montés à l'étage et là par terre sur la mezzanine entre nos chambres respectives, elle était nue et se tortillait dans tous les sens, elle pataugeait dans de l'eau qui jonchait le sol.

Ses yeux étaient vides et elle semblait ailleurs, en proie à une crise que je ne connaissais pas du haut de mes 11 ans.
Une mousse jaunâtre sortait de sa bouche, je sais maintenant qu'elle convulsait mais à 11 ans comment aurais-je pu le savoir ?

J'ai couru réveiller mon père qui faisait sa sieste habituelle (je comprends en vous écrivant pourquoi je ne supporte pas les siestes de Mike) et tout en se réveillant il m'a demandé ce qu'il se passait.

Arrivé en haut des escaliers sur le seuil de la mezzanine, il m'a hurlé dessus me tenant pour responsable de l'état de Maria et m'a attrapé par le col me demandant de partir et m'a jeté dans les escaliers.

J'ai dévalé la moitié des marches tentant de me rattraper comme je pouvais, mon dos éraflant le mur orné d'un revêtement en crépit.

Arrivée en bas des escaliers, empreint eux aussi d'un souvenir dont je n'ai pas fini de vous parler (celui de JO et de la ceinture), je pleurais, j'avais mal, mal au dos, mal d'être tenue pour responsable alors que je n'avais rien fait de mal.
J'avais mal de m'être faite jeter dans les escaliers par
l'homme qui était censé me protéger, mon propre père !

J'ai mis mes chaussures et j'ai couru me réfugier chez Sabine comme après chaque drame de la maison.
Je ne sais pas si elle se souvient de tout ça mais j'ai tout partagé avec elle.

Elle savait tout de ma vie dans les moindres détails.

Plus tard dans la soirée, mes frères sont venus me chercher de la part de mon père qui s'excusait de s'être emporté et me demandait de rentrer.
Maria avait été conduite à l'hôpital pour se reposer.

Je n'en pouvais plus, je souffrais, je voulais juste être libre de ne plus me forcer à aimer une femme qui n'était pas ma mère mais surtout qui me volait ma vie et me détruisait.
Je n'en pouvais plus de ressentir perpétuellement cette peur viscérale, j'avais le sentiment d'être condamné à perpétuité pour le simple fait d'être en vie.

Je crois sans le défendre qu'elle a détruit mon père.

Je ne lui trouve aucune excuse car aujourd'hui pour moi je n'ai plus de père mais je pense qu'il s'est réfugié dans l'alcool pour supporter la vie avec elle qui surement devenait trop dure et qu'il n'avait pas la force ni le courage de changer ça, ce qui me conduit à mon pire Noël.

Maria venait de quitter la maison avec leur fils commun Junior et mon père n'avait plus aucune nouvelle.

Il ne savait pas où il se trouvait, ça le détruisait.
Il m'en a d'ailleurs tenu pour responsable.

Nous devions fêter Noël chez mes grands-parents paternels mais ce Noël avait un goût de tristesse et de déprime, je sentais que quelque chose allait arriver.

Mon père a demandé à mes grands-parents de venir me chercher pour me conduire là-bas avec eux, me promettant de me rejoindre après car nous n'étions plus que tous les deux maintenant. Il avait ouvert les huîtres et les avait disposé dans un immense plat en inox.

Les heures ont tourné mais il n'est jamais arrivé.
C'est plus tard dans la soirée que les pompiers ont appelé ma grand-mère lui disant que mon père avait tenté de se suicider, qu'il allait être conduit à l'hôpital.

Une voisine qui était très amie avec Maria avait été alerté par un appel de mon père et s'était déplacée jusqu'à la maison.
Mon père gisait sur le sol, les poignets entaillés, à côté de médicaments.

Je n'ai jamais su s'il s'était ouvert les veines ou s'il avait avalé les Doliprane qui jonchaient le sol (je les ai vu quand nous sommes venus chercher quelques affaires personnelles afin que je reste chez ma grand-mère) mais je me souviens m'être sentie abandonnée et seule au monde ce Noël là avec la culpabilité de l'acte qu'il venait d'accomplir par souffrance pour l'absence de son fils dont il me tenait responsable.

Je ne me souviens pas non plus comment s'est terminé ce Noël.

La vérité c'est que lors du dernier épisode à dormir sur les couches du magasin j'ai enfin eu le cran de tout avouer à mon père concernant les actes de Maria.

Les coups, l'alcool mais n'oubliez pas que cette fois-là quand nous avons dû partir de la maison c'était pour me protéger de Maria qui me prenait pour Jennifer et avait tenté je ne sais quoi en me courant après avec une hache de boucher.

Le fait est que ce seul acte héroïque de mon père lui a couté son fils car quand nous sommes revenus beaucoup de temps après, la maison était vide.
Vide de meuble, vide de vie, VIDE de Junior.

Alors que mes grands-parents étaient venus en renfort, il m'a sorti du salon me disant que s'il avait perdu son fils c'était uniquement ma faute, que j'aurai dû me taire, qu'il ne me pardonnerait jamais et il a refermé ces portes vitrées qui donnaient sur la salle à manger.

J'avais tellement mal, vous n'avez pas idée ce que ça fait de se sentir coupable alors que j'étais moi-même victime et que j'avais déjà attendu mes 12 ans pour oser parler juste un peu.
Une fois de plus, je me sentais coupable d'avoir osé parler juste un peu et profondément seule.

Il regrettait de m'avoir sauvé des griffes de Maria ce soir-là, c'était sûr, il aurait préféré me laisser mourir dans ses mains que de perdre son fils qu'il chérissait tant…

En fait, moi, j'avais juste le droit de me taire, j'étais condamnée à souffrir en silence, je devais mériter ce que vivais et cette réflexion me renvoi à un appel que j'avais passé à ma grand-mère.

Chaque fois que nous vivions mes frères et moi un moment traumatique ou à risque de le devenir, je prenais ce vieux téléphone filaire, celui où l'on devait faire tourner la roulette pour composer les numéros.

Je connaissais le numéro de téléphone de ma grand-mère par cœur à force de l'avoir composé.

J'avais donc pris le téléphone et je m'étais cachée comme d'habitude pour lui raconter le plus doucement possible afin de ne pas être entendue ce qui venait de se passer et ma grand-mère a répondu :
« mais qu'as-tu donc encore fait ma petite fille ? »

A ce moment-là j'ai répondu avec une pointe dans le cœur que je n'avais rien fait mais je ne me rendais pas compte que sa réaction était anormale et qu'elle n'agissait pas dans notre intérêt.
Je sais qu'elle m'aime mais dans ces moments-là, elle n'a pas été là pour moi comme elle aurait dû l'être.

J'étais très jeune, c'est seulement des années plus tard en 2014, l'année de mon second divorce que je lui ai reproché de n'avoir jamais rien fait et que c'était de la non-assistance à personne en danger.

Par la suite, j'ai malgré moi et malgré l'amour, le respect que je ressentais pour cette femme, quelque chose s'est brisé en moi.
La confiance et l'adoration que j'avais pour elle venait de s'effondrer.

Je reste évidemment infiniment reconnaissante de tout ce qu'elle m'a apporté dans les moments d'absence de ma mère.

Elle m'a éduqué, appris l'orthographe, la lecture et mon amour pour elle reste inconditionnel malgré mon incompréhension face à leur inaction.

A mon sens, elle aurait dû nous protéger, elle savait tout, elle vivait tout avec moi, j'avais confiance en elle, elle était une maman...

Tous les membres de cette famille sans exception savaient ce qu'on endurait et jamais personne n'a agi pour nous protéger et pourtant....

Je n'aime pas ressentir ça à leurs égards mais je leurs en veux terriblement de n'avoir jamais rien fait.
C'est ce qui m'a amené à couper les ponts avec eux il y a deux ans.

Deux ans que j'ai écrit cette très longue lettre de "rupture".
Je n'ai repris contact qu'avec ma grand-mère depuis 6 mois après un an et demi de silence et avec mon frère Yvan depuis Noël 2022.

Le nombre de fois où j'ai souhaité que la DDASS vienne me chercher et me place pour caresser l'espoir d'une vie normale avec une enfance heureuse et en sécurité.

Non ce n'était pas pour moi, j'étais juste condamnée à passer sous silence mon vécu ignoble et condamnée encore aujourd'hui à me demander si je ne suis pas folle et qui pourrait vouloir me croire.

En ce qui concerne cet homme que l'on doit appeler papa car il a mis la graine et donné la vie, je dirais que durant des années j'ai souffert de l'aimer, de le haïr, d'en avoir peur, de le protéger et vouloir le dénoncer mais aujourd'hui, j'assume presque de l'appeler mon géniteur lorsque je parle de lui.

Je sais à ce jour qu'il a une santé fragile et s'il devait partir sans que j'ai pu le confronter et vider mon sac il emmènera à tout jamais avec lui mon unique espoir d'être libérée et ça me fait peur de le savoir.

Un papa ce n'est pas juste celui qui procrée.

Un papa c'est l'homme qui va apprendre à sa fille comment elle devra plus tard choisir un homme digne d'elle car elle se calquera sur l'image du papa qu'elle a eu.
Un papa, c'est un homme qui saura la protéger, l'aimer sainement, la guider, la conseiller, la valoriser, l'écouter, la rassurer et la protéger quand elle doute.
Un papa c'est un homme qui fera d'un bébé un enfant, d'un enfant une adulte.

C'est trop facile de vouloir se faire appeler papa et sans assumer son rôle.

Nous enfants, n'avons pas choisi de venir au monde, c'est un choix assez égoïste d'adultes alors il faut assumer !!

Étant moi-même maman, j'ai tendance à dire que les enfants c'est le mariage d'une vie plus fort qu'une union maritale entre deux adultes consentants.
C'est l'engagement d'une vie, pour le meilleur et pour le pire.

Tu as le droit en tant que parent de commettre des erreurs car aucun manuel ne nous a été fourni, le tout étant de savoir les reconnaitre et de les assumer et lui n'a jamais assumé.

Je me revois cet été-là, 2014, année de mon divorce.

Le père de mon loulou et moi venions de nous séparer et pas dans de bonnes conditions.

Mon fils Théo issu de ma seconde union alors âgé de 8 mois était dans son youpala, nous étions le 29 juin 2014 quand Francis a décidé de partir de notre domicile car notre relation devenait beaucoup trop conflictuelle et destructrice.
Son départ m'a anéantie, je suis tombée en dépression, c'était pour moi l'échec de trop car je l'aimais vraiment malgré la toxicité de notre relation.

Le fait est que cet été 2014, alors que mes deux grands étaient en vacances chez leur papa.
Je me retrouvais seule avec mon bébé, Théo, et confrontée à ma souffrance.

C'était atroce, je venais tout juste de retrouver ma mère après des mois de silence, j'avais le sentiment que toute ma vie m'échappait.

Ce fameux été, j'ai pris la décision de partir faire la tournée des grands ducs en allant voir certains membres de ma famille dont mon géniteur.

A cette époque nous avions des contacts, de là à dire que c'était une relation père-fille, non pas du tout, mais nous nous appelions de temps à autre et échangions par sms.

Quand il apprit que j'allais voir ma grand-mère, il m'a proposé de venir passer deux jours chez lui et sa compagne afin de faire connaissance avec mon bébé qu'il n'avait jamais vu.
Ne me demandez pas pourquoi mais j'ai accepté, ce que j'ai très vite regretté car ça a dégénéré.

Le premier jour s'est à peu près bien passé même si le malaise était palpable et que je n'étais pas moi-même.
Je ressentais la même peur que celle de petite fille et ne me sentais pas à ma place du tout mais voyant ses efforts, j'ai essayé.

Avec sa compagne nous sommes allées nous balader le soir avant de manger pour papoter entre femmes et sortir leur chien.
C'était plutôt sympa car elle n'a que 5 ans de plus que moi.
En rentrant, j'ai tout de suite vue qu'il avait bu et que son attitude avait changé.
Sa façon de parler est différente quand il est alcoolisé.

Arrive le moment où mon fils est couché et que nous passons à table.
Sans comprendre pourquoi, je me retrouve avec une crise d'angoisse qui se déclenche et l'appétit coupé donc je refuse de manger l'entrée (tomates, endives, salade) mais mon père ne le voit pas de cet œil-là.
Il commence à me prendre la tête car je ne mange pas.
Il me reproche ma maigreur et mon anorexie. J'avoue qu'après le départ de Francis, je suis tombée à 49Kg.

Je sens la crise d'angoisse monter alors je prends mon anxiolytique lorsqu'il me demande de manière agressive ce que je prends encore comme merde.

Malgré le fait que sa compagne lui disait que c'était normal, que je devais être fatiguée d'avoir fait la route, il me pourrit.
Plus aucun mot ne sort de ma bouche, il est alcoolisé.
J'ai peur, je perds mes moyens, je ne réponds même plus à ses questions, j'ai l'impression d'être revenue 30 ans en arrière, une petite fille juste effrayée face à son père alors que j'en ai 32.

Je suis là, assise sur la chaise face à mon assiette, mon esprit me somme de partir mais mon corps est tétanisé, je ne bouge pas. Je n'ose même pas respirer. Je réalise que je crains vraiment mon père.

Même sa compagne ne comprend pas sa réaction et prends ma défense, lui demandant de ne pas s'énerver pour si peu mais il n'entend rien.

Je décide de sortir de table en lui disant que je partirais demain chez ma grand-mère, que j'ai commis une grosse erreur en venant et je sors de table.
Tout en entendant ses élucubrations de loin, je quitte la table et en silence je rejoins Théo dans la chambre qui dort paisiblement.
Sans un mot je passe ma nuit à pleurer car c'est toujours le même, il n'a pas changé et ne changera jamais.
Malgré ma furieuse envie de pipi, je reste dans la chambre, je n'ose pas sortir.

Le lendemain matin, épuisée, en colère, déçue et triste, je plie bagage.

Avec mon fils sous le bras je pars chez ma grand-mère où mon père doit nous rejoindre le midi pour manger, c'était prévu comme ça et ne peut pas être annulé.

Arrivée chez ma grand-mère je lui raconte ce qu'il s'est passé.
Elle me demande si je pense que mon père boit encore, je lui réponds que j'ai des doutes et que sa compagne m'a demandé comment savoir s'il buvait et donc qu'il est possible que ce soit encore le cas.

Ma grand-mère me demande de me calmer, elle me sent bien à cran.
De plus, mon grand-père est atteint d'un cancer en phase terminale, il est très fatigué et elle ne veut pas risquer un drame durant le repas.

Mon père arrive quelques heures après et nous nous mettons à table, la tension de mon côté est très palpable.
A table, il y a mes grands-parents, mon père et sa compagne, mon frère Yvan et sa femme et je crois me souvenir que mon oncle est là également mais je n'en suis pas certaine.

Mon père décide comme par provocation de parler de son rôle de père lors de ce repas et Floriane la femme de mon frère lui dit que c'est un papa génial qui a toujours tout fait pour ses enfants et qu'il peut être fier de lui.
Mon père acquiesce et là s'en est trop pour moi, j'arbore un rictus ironique ce que mon père ne manque pas de remarquer.

C'est le drame….

« Tu as un soucis Priscilla, je te vois là sourire en coin, alors vas-y dis ce que tu as à dire ? » me dit-il, ce à quoi je réponds que oui j'ai un gros souci et là je vide mon sac.

Je ne contrôle plus rien, la colère et la souffrance ont pris possession de ma bouche, les mots affluent sans que je ne les maitrise.

Je dis ce que je me sens autorisée à dire car évidement je ne peux pas tout dire, personne ne va me croire mais surtout j'ai peur.

J'énumère les coups, les humiliations chaque fois qu'il s'est moqué de mon physique :
- T'es grosse comme ta mère
- T'as la cloison nasale déformée comme ta mère
- Toi quand on te contrarie, il ne faut pas rester à côté de toi, avec ta cloison nasale tu envoies des missiles (et ça hurlé bien fort en plein milieu d'un immense repas dans un restaurant plein).
Je me revois encore ravaler mes larmes
- De toute façon toi ton surnom c'est Peggy avec ton tic, tu fais plus de bruit qu'un cochon.

Oui il faut savoir qu'en plus de toutes les séquelles déjà énumérées, j'avais un tic qui me revient encore dans les grands moments de stress, je renifle très fort et j'en ai vraiment honte.

Plus rien ne me retient, seule la haine, la rage et la souffrance guide mes mots et je balance telles des lames tranchantes tout ce que j'ai à reprocher en oubliant que mon papi est là, épuisé et fatigué jusqu'à ce que ma grand-mère me somme d'arrêter ça de suite et d'aller me calmer.

Pardon papi, tu me manques tellement...

Je me lève de table en accusant tout le monde de n'avoir jamais levé le petit doigt pour nous protéger et que c'est de la non-assistance à personne en danger, que j'arrête tout, je prends mon bébé et pars. Mon oncle intervient de manière ferme me sommant de me taire.

Je me retrouve à l'étage où j'ai réveillé Théo dans le but de partir. Il est hors de question que je reste une minute de plus ici.

Floriane, la femme de mon frère me rejoint en essayant de me convaincre d'aller dire Pardon à mon père, c'est le mot de trop !!!

Pardon ??? Moi ??? De quoi au juste ????

Pardon de t'avoir laissé avoir une érection contre moi, pardon d'avoir osé dire à voix haute une toute petite partie de ce qu'on a vécu, pardon d'avoir failli mourir à maintes reprises, pardon de ne pas m'avoir protégé, pardon que tu m'ai balancé dans les escaliers ou que tu m'ai éclaté la tête contre le sol ????

Aaaah non je dois te demander pardon d'être en vie peut être….

Oui parce que je ne vous ai pas raconté le coup de la tête par terre !!

La haine me monte à mesure que j'écris c'est fou, je vois que mes doigts tapent sur le clavier avec plus de fermeté et ma ponctuation change.

Je dois me calmer ….

Pour cette histoire-là, il faut savoir que c'était en présence de Joëlle et de son fils Freud.

Avec tout ce que j'avais déjà enduré, c'était la période de ma vie où je me scarifiais énormément les bras avec l'espoir que quelqu'un verrait à quel point je souffre, qu'une personne saurait ce que je vis et viendrais me sauver…

Nous étions à table tous les 3, Freud, mon père et moi. Joëlle était comme d'habitude trop ivre, elle dormait déjà. Elle ne se nourrissait que d'alcool.
Eh oui encore une alcoolique…
A croire qu'il passait une annonce pour ne tomber que sur des femmes comme ça.

La seule qui sort du lot en dehors de ma mère c'est sa dernière compagne avec qui il s'est marié il y a un an.

Bref nous mangions et lors du repas, ma manche a dû se relever car mon père a aperçu un bandage sur mon avant-bras.
Il a attrapé mon bras me demandant ce que c'était, je n'osais même pas répondre.

Il a arraché le bandage et en découvrant ce que j'avais fait, il a complètement pété les plombs.

J'ai tenté en vain de lui expliquer que je souffrais, que s'en était trop pour moi.
Je ne peux pas vous dire comment mais en l'espace d'un instant je me suis retrouvée dans le couloir, allongée sur le sol, face contre terre

avec mon père qui me relevait la tête par les cheveux pour venir la cogner sur le carrelage.

Il tapait si fort que le goût du sang m'est monté dans la bouche, tout était blanc autour de moi, je ne voyais plus rien, ça y est j'allais mourir… Enfin… Ma vie allait prendre fin, j'avais mal, j'étais terrorisée mais j'allais être définitivement soulagée…

Sans que je ne comprenne rien, j'ai entendu au loin Freud dire à mon père : « arrête David, tu vas la tuer » mais il n'en a rien fait jusqu'à ce que Freud l'attrape et qu'il me traine jusqu'à ma chambre du bas que j'avais récupéré avec le départ de Maria.

Après le départ de Maria, je n'avais jamais réussi à redormir à l'étage je craignais trop cette chambre et tout ce qui s'y était passé.

Freud m'a alors expliqué qu'il avait cogné mon père pour qu'il me lâche.
Je saignais du nez, j'avais mal à la tête et des vertiges m'assaillaient.
J'étais choquée par ce que venait de faire mon père.
Le lendemain quand je suis sortie de la chambre, j'ai croisé mon père avec le nez violet.

Freud m'a détruite sous bien des manières et je vous en parlerai plus tard mais ce jour-là il m'a sauvé la vie.
S'il n'était pas intervenu je ne sais pas jusqu'où mon père aurait été capable d'aller.

Je suis partie de chez mon père définitivement lorsque j'avais 18 ans.

Un peu avant mon départ, David, mon père, avait perdu sa petite épicerie qui était en liquidation judiciaire et avait été mise sous scellée comme je vous l'ai déjà dit plus haut.

Je venais de signer un contrat de travail en CDI en tant qu'hôtesse de caisse chez E.D l'épicier. J'avais signé ce contrat le jour de mes 18 ans.

Mon père était toujours alcoolique et malgré son interdiction à s'approcher du magasin, il s'y introduisait de nuit pour vider les rayons et vendre la marchandise au voisinage pour récupérer un peu de liquidité.

Pour pouvoir agir il avait besoin de moi pour blanchir son argent.
Je devais l'encaisser sur mon compte courant et lui restituer en espèce pour ne laisser aucune trace.

C'est à cette époque que j'ai rencontré Yon, le père de mes deux grands enfants.
Il était le meilleur ami d'un de mes collègues qui nous a présenté.

Yon a tout de suite été là pour moi, pas en tant que couple au début car j'avais très peur et n'avais pas eu de coup de cœur pour lui mais surtout je n'avais eu de relation intime avec un homme et j'avais peur de ce qu'il pourrait attendre de moi.

Yon avait 2 ans que plus que moi.
Dans ma tête ce serait inévitable, il ne voudrait pas attendre que je sois prête donc autant ne pas s'attacher car je ne serais pas à la hauteur.

C'était pour moi pas normal d'être encore vierge à 18 ans, ma mère me l'avait d'ailleurs dit quand j'avais 16 ans, je devais aller voir un sexologue car c'était ça qui me perturbait.

Quoi qu'il en soit le temps où nous n'étions pas en couple, Yon a été très présent sans rien attendre de ma part.
Il venait me chercher tous les soirs au boulot et comme j'avais la permission de sortir jusqu'à 21H, il m'emmenait rouler de nuit pour que je puisse sortir un peu de tout ça.
Je l'avais très vite mis au courant de ce que je vivais et ça le touchait beaucoup.

Nous parcourrions les villes à bord de sa 19 cabriolet vert métallisé.
Durant ces moments d'insouciance où je m'autorisais à me sentir en sécurité je découvrais des musiques que Yon mettait afin de combler mes blancs et cacher ma souffrance que je portais sur moi tel un manteau hivernal.

Certaines chansons m'ont beaucoup marquées par les paroles, comme petit Frank, les valses de vienne.
J'ai aussi découvert Hélène Ségara.
J'étais pour ainsi dire vierge de tout, je n'avais pas de vie, je ne connaissais rien même en musique.

Les jours ont passé et je suis attachée à cet homme pour finir par en tomber très amoureuse alors, rapidement, je l'ai présenté à mon père espérant qu'il me laisserait sortir plus longtemps le soir pour être avec lui.
Yon m'apportait douceur, neutralité, calme et patience.

Mon père l'a accepté, enfin c'est ce que je croyais mais la vérité c'est qu'il avait juste besoin de lui pour arriver à ses fins.

Les seules fois ou j'ai eu le droit de sortir plus tard, c'était pour aller à sa place au magasin récupérer de la marchandise car Yon avait le permis et qu'il était véhiculé.
Ça l'a bien arrangé pour nous envoyer vandaliser son magasin et ne pas se faire piquer lui.

Très rapidement, David a vu mon début de relation avec Yon d'un mauvais œil et ma vie qui était déjà horrible est devenue insoutenable.

Lorsque je rentrais à la maison le soir, je devais frapper à la porte avec un code pour lui dire que c'était moi et pas un homme de loi.
Il vivait avec Junior qui était revenu dans nos vies, reclus dans cette maison inerte et froide.
Les volets restaient fermés H24.

J'avais à gérer mon emploi, le ménage, le repas tout en prenant conscience que je m'éteignais un peu plus chaque jour et qu'il ne me faudrait plus longtemps pour arriver à mettre un terme à tout ça et enfin ne plus ressentir cette douleur grandissante.

Yon devait sentir tout ça car un soir à la sortie du travail alors qu'il venait me chercher, il m'a tendu la clé de son appartement en me disant que je pouvais venir vivre avec lui, qu'il ne me demandait rien d'autre que ma présence et que je ne pouvais plus rester ici.

Après notre petit tour habituel en voiture, je suis rentrée chez mon père. Il était très en colère car j'avais 4 minutes de retard qui seraient déduite de mon temps de sortie du lendemain.

Ce soir-là, à table, je commence à lui parler de Yon et lui dis que c'est sérieux, qu'il m'a proposé de venir vivre chez lui.
Étant donné qu'il lui demande beaucoup de service (en l'occurrence aller vider son fonds de commerce) je me dis qu'il l'apprécie et que ça ne posera pas de problème, grossière erreur…

Il s'énerve, me disant que je ne quitterais pas la maison avant mes 25 ans, que je dois l'aider, que je suis privée de sortie et que s'il doit me garder à la maison pour être sûr que je ne vois pas Yon, il le fera.

Je pleure tout ce que je peux et lui dis que je travaille, que je ne peux pas rater mon emploi.

La fin du repas se fait dans le silence total sans aucun soutien car même Junior à ce moment précis prends son parti.

Les jours qui suivent je ne vois pas Yon.
J'ai seulement le droit d'aller travailler et ramener des courses à la maison.
J'ai pu prévenir Yon grâce à mon collègue et en lui envoyant un message via mon tatou, ces petits boitiers qui nous permettaient à l'époque d'être contactés avant que les téléphones portables ne deviennent un outil indispensable.

Les soirs se sont succédé dans une ambiance étouffante, je n'avais plus le droit de manger avec eux dans la cuisine, ils fermaient la porte à clé, j'étais seule et je souffrais.
Par-dessus tout, j'avais peur que Yon, issu d'une bonne famille et d'un milieu plus favorable, ne voit en moi que soucis et me laisse.

J'ai alors pris des feuilles de papiers et j'ai écrit une longue lettre à mon père lui expliquant toute ma souffrance, mon état, mon besoin de partir pour survivre ainsi que tout ce que j'avais pu vivre lors de ses absences avec les femmes qu'il m'imposait à la maison y compris avec lui.

Avec l'aide de Yon, un soir où il dormait, je suis partie par la fenêtre d'une des chambres avec une valise et quelques effets personnels.
Depuis ce jour-là je ne suis jamais revenue dans cette maison.

Quand il a découvert ma lettre, il m'a appelé me sommant de rentrer.
Se retrouvant confronté à un refus, il m'a alors dit, qu'à compter de ce jour, je n'avais plus de père et plus de mère (oui à ce moment-là ma mère n'était plus dans ma vie) et que si je ne venais pas le lendemain récupérer toutes mes affaires il les brulerait.
C'est ce qu'il a fait, j'ai tout perdu mais j'avais Yon et la possibilité d'une nouvelle vie, un autre moi….

A cette période de ma vie et durant de longues années ma relation avec ma mère a été très compliquée et le contact était souvent rompu durant de longs mois voire année.

Je n'ai plus jamais remis les pieds dans cette maison après ça sauf une fois des années plus tard alors qu'elle était à l'abandon.

Elle avait été mise à la vente aux enchères et des jeunes avaient dû squatter dedans au vu des graffitis et des cadavres de bouteilles de bière qui jonchaient le sol.

A partir de ce moment-là, j'ai pris conscience qu'une partie de moi était morte dans cette maison et qu'elle me hanterait toute ma vie…

Papa,

Tu te souviens quand je suis revenue dans ta vie malgré tout le mal que tu m'as fait quand mon fils Luc est né ?
Il n'avait que deux mois.
Je le tenais dans mes bras et je t'attendais sur le trottoir non loin de chez toi.

Quand tu m'as vu tu es parti en courant, me hurlant de partir, que tu ne voulais pas me voir.
Tu as foncé t'enfermer chez toi et tu m'as regardé derrière le rideau de la fenêtre partir avec mon bébé.
C'était pendant les fêtes de Noël, nous étions venus Yon, Luc et moi passer les fêtes chez ses parents et Yon voyant que je souffrais malgré tout de ton absence a accepté de me conduire chez toi.

C'est dingue de continuer à aimer une personne qui vous détruit juste parce que les liens du sang sont là…

Deux ans plus tard, tu m'as contacté pour Noël comme un cadeau que tu aurais voulu me faire, une chance que tu aurais voulu me donner car tu me pardonnais et sur le coup je l'ai vu comme ça.

Heureuse de t'avoir à nouveau dans ma vie, Yon m'a de nouveau emmené en région parisienne pour te voir et te présenter notre fils.
Nous étions également ravis de t'annoncer notre mariage à venir, mariage auquel tu étais invité.

Ma mère n'étant pas dans ma vie à ce moment-là, j'aurai au moins mon père.

Le bonheur a été de courte durée.

La veille du nouvel an tu nous as invité à dîner chez toi. Tu t'es permis après des années de silence de dire à mon futur mari qu'il ne savait pas m'aimer, que le seul homme capable de m'aimer, c'était toi.
Je me souviens avoir posé ma main sur la cuisse de Yon en signe de ne surtout pas répondre à ton attaque très déplacée.

Je me souviens encore de ce boudin blanc aux pommes que tu nous as servi et une fois de plus tu avais bu.
L'ambiance était bizarre et la tension palpable.

Nous avons poursuivi, l'heure a tourné alors tu nous as proposé de laisser Luc dormir chez toi et là sans savoir pourquoi mais poils se sont hérissés.

J'ai refusé catégoriquement, ce à quoi tu as dit : "mais pourquoi, je sais m'occuper des enfants, je suis son papi".
J'ai tenté de justifier en disant que nous n'avions pas son lit parapluie et qu'il ne te connaissait pas et qu'il n'aurait nulle part où dormir jusqu'à ce que tu me dises qu'il dormirait dans ton lit avec toi….

A ce moment précis, j'ai tout regretté, notre reprise de contact, ma venue, ton invitation à notre mariage à venir.

Ne me demandez pas pourquoi mais savoir mon fils dans son lit me donnait la chair de poule et la nausée, j'avais une peur viscérale d'imaginer la chair de ma chair dormir dans son lit.

Les mois qui ont suivis ont été horribles.

Tu me faisais des crises de jalousie si je ne répondais pas au téléphone le soir alors que je travaillais, j'avais beau te demander d'arrêter de m'appeler « Bébé » tu ne m'entendais pas.

Je trouvais ça malsain cette façon dont le mot sortait de ta bouche d'autant que c'était le surnom que j'avais donné à Yon.

Tu t'es permis de vouloir m'imposer du monde à inviter à mon mariage que je ne connaissais pas alors que c'étaient les parents de Yon qui finançaient tout.

Et puis il y a eu ce jour où j'étais d'inventaire, je travaillais chez Jardiland et nous finissions très tard.
J'avais mon portable avec moi en silencieux pour rester joignable en cas d'urgence pour Luc.
En prenant mon téléphone, je remarquais une dizaine d'appels manqués de toi et de nombreux messages où tu me prenais la tête comme si j'étais ta « femme » parce que j'étais injoignable.

J'ai senti au fond de moi que je ne voulais plus être accompagnée à l'hôtel devant l'homme que j'aimais par un homme qui ne m'aimait pas comme il faut, qui m'avait fait du mal et que je ne connaissais pas mais qui par-dessous tout m'effrayait.

Après en avoir parlé avec Yon, je t'ai écrit une longue lettre dans laquelle je t'expliquais toutes mes souffrances, te suppliant de les comprendre.

Je t'ai également expliqué tout le poids que j'avais eu à porter toutes ces années passées et je t'ai dit que ta présence n'était plus souhaitée car je ne voyais pas de père en toi.

Tu sais le lendemain du repas où tu disais à mon futur mari qu'il ne savait pas m'aimer, quand je suis venue te voir pour te dire en face ma douleur et te demander pourquoi tout ça ?
J'avais dans l'espoir d'obtenir un pardon.
Je n'avais pas digéré entendre que tu n'avais jamais été aussi heureux depuis des années, que tu te portais mieux sans moi dans ta vie mais tu n'as rien entendu de tout ça papa, tu as préféré me haïr car tu ne pouvais plus venir et tu t'es caché derrière ça durant toutes ces années, justifiant que je t'avais fait du mal et que tu ne pourrais pas me pardonner.

Encore à ce jour, plus de dix ans après tu te permets d'attendre de moi un pardon mais papa qui doit demander pardon à qui ?

Qui est l'adulte ?
Qui a brisé qui ?
Qui aurait dû me protéger ?

Papa où étais-tu quand j'avais si peur de rentrer à la maison ?
Que le simple fait de toquer à la porte je me faisais caca dessus ? Je courrais me réfugier dans la salle de bain pour jeter mes sous-vêtements de peur de me faire engueuler.

Où étais-tu quand nous étions forcés de rester à table jusqu'à tard dans la nuit pour finir nos assiettes alors que nous n'aimions pas le contenu et ce même si nous devions vomir après ?

Où étais-tu quand Maria me battait et me maltraitait ?

Où étais-tu quand elle a souillé mon âme et prit en moi jusqu'à la plus petite once de joie et de vie ?

Tu savais que je souffrais et tu n'as rien fais !! Tu n'es pas un père juste un géniteur

Papa, tu te dis père, tu te regardes dans le miroir en pensant que le problème vient de moi, que je suis fautive de ne pas t'avoir laissé venir à mon mariage.

Tu es en colère après moi mais le souci c'est que de mon côté avec toi je n'ai aucun bon souvenir, que de la souffrance, l'alcool, la violence, cette façon malsaine de m'aimer, les trous noirs, la dépression et la peur.

J'ai dû me construire avec ça alors dis-moi David comment pourrais-je démarrer et avancer dans la vie avec ces bases-là ?

Comment être capable de ne pas être effrayée par les hommes ?

De croire en leur amour ?

De croire qu'ils ne lèveront pas la main sur moi ?

De ne pas aller chercher inconsciemment un peu de toi chez eux ?

Papa, comment veux-tu que j'arrive à me construire aujourd'hui avec ce que vous m'avez fait vivre ?

Comment réussir à accepter le désir d'un homme et le mien quand durant plus de 10 ans je n'ai entendu qu'une chose : « tu es une salope comme ta mère » et « tu as couché avec ton père » ?

Alors papa je te le demande, je le crie du plus profond de mon cœur, dit moi s'il te plaît, je t'en prie, comment guérit-on de ça ??!!

Tu m'as fait tellement de mal papa, tu m'as laissé me faire battre seule, tu as préféré te noyer dans l'alcool plutôt que nous emmener et partir pour nous protéger.

Tu as tout mis en place pour m'éloigner de ma mère disant qu'elle était folle mais elle aurait pu m'offrir une vie meilleure car le pire dans tout ça c'est qu'après Maria, tu as ramené Joelle et son fils.
Papa tu m'as détruite de toutes les façons possibles et encore aujourd'hui je souffre.

Je n'ai pas assez payé d'être moi, d'être en vie durant mon enfance, non, maintenant je dois souffrir encore des séquelles de ce que j'ai subis …

Je ne te demanderais jamais pardon papa, c'est à toi de demander pardon de m'avoir donné la vie pour me la reprendre après car j'ai beau être en vie papa, je suis morte intérieurement et cette souffrance quotidienne est inqualifiable.

Chaque fois que j'avais besoin d'aide, j'entendais cette phrase qui m'insupporte : Ce qui ne tue pas, rend plus fort.

Cette fameuse phrase si facile à sortir quand on n'a pas envie de s'embêter à aider l'autre...
Mais comment fait-on quand ce qu'on a vécu a tué une partie de nous ?

Comment réussir à vivre pleinement heureuse quand une partie de nous s'est éteinte à jamais ?

Je dis souvent que je suis morte à 12 ans car c'est à cet âge-là que j'ai senti défaillir une partie de moi et me perdre dans un abîme de souffrance.

J'ai envie de hurler tellement j'ai mal intérieurement, mon cœur saigne telle une plaie béante et aucun pansement ne pourra jamais panser cette blessure que vous avez laissé en moi DAVID !!! JAMAIS ....

Maria, partie 2

Je vous avais parlé en amont du jour où Maria a voulu corriger mon frère Jo à la ceinture et que je me suis sentie responsable du coup porté, me voilà prête à vous raconter la suite.

Maria m'avait donc demandé d'aller dans sa chambre chercher sa grosse ceinture destinée à nous corriger pour punir Jo qui avait rigolé lorsqu'elle l'avait grondé.
Elle ne pouvait pas y aller car elle tenait la tête de Jo sur la dernière marche de l'escalier afin qu'il ne bouge pas.

Je suis restée immobile, incapable d'aller chercher la ceinture, puis contrainte j'ai d'abord ramené une toute petite ceinture.
J'ai reproduit ce scénario 3 fois de suite avant qu'elle ne comprenne que je me moquais d'elle et qu'elle me hurle d'être la prochaine à y passer.

J'ai regardé Jo en pleurant et il a souri me disant de ne pas m'inquiéter, il était devenu si dur au mal que s'en était épatant car moi je continuais toujours à redouter les coups de sa mère.
Aujourd'hui, je réalise qu'il n'y avait rien d'épatant, c'était triste, abject et affligeant de se résigner à ce point.

J'ai donc fini par amener cette énorme ceinture en cuir noir avec l'énorme boucle dorée et les coups sont tombés pour venir marquer sa cuisse.
La trace de la grosse boucle venait de s'incruster sur sa jambe.

Après qu'il soit monté dans son lit, je suis venue avec un gant d'eau froide et de la pommade en m'excusant de ne pas avoir pu faire plus pour éviter ça.

Je m'en voulais terriblement, je me sentais responsable et coupable mais Jo, heureusement ne le voyais pas comme ça.
Je suis restée près de lui et nous avons regardé son livre sur Mickael Jackson dont il était fan.

Maria a tout utilisé pour nous corriger, la ceinture, le martinet dont nous arrachions les lanières, le balai, les chaussures, les coups portés à la main, les coups de poings et même les bout de bois.

Je me souviens d'une fois ou son coup avait été porté si fort sur moi que je me suis retrouvée à partir à l'école primaire avec un coquard prétextant m'être pris un coin de table.

Avec le recul, je me demande comment l'école a fait pour ne jamais se rendre compte qu'il y avait un souci à la maison d'autant plus quand je vois qu'aujourd'hui pour le moindre petit souci on prévient les services sociaux, je trouve effarant les lacunes qu'il y avait dans le passé face à la protection de l'enfance et les excès dans certains cas.

A la pensée de cette école, je me remémore les humiliations subis et infligées à cause de Maria.

Je rongeais énormément mes ongles et un soir alors que je rentrais de l'école et que j'étais dans ma chambre du bas à faire mes devoirs, elle est arrivée avec des pansements et du sparadrap.

Sur le coup je n'ai pas compris ce qu'elle voulait car je ne m'étais pas blessée.

Elle m'a expliqué que j'allais devoir garder ce qu'elle ferait sur mes mains pour être sûre que je ne mange plus mes ongles.
Elle a attrapé mes mains et a posé sur chacun de mes ongles un pansement qu'elle a recouvert de sparadrap pour être certaine que ça ne partirait pas.

J'ai dû aller à l'école avec ça et subir les moqueries de mes camarades de classe, j'ai eu le droit au surnom de Edourd aux mains d'argent.
Je n'ai tiré aucune leçon de ce trauma car je les ai rongé jusqu'à mes 27 ans.

Avec Maria, il ne fallait pas non plus avoir de poux.
Petite j'étais une vraie tête à poux et malheureusement cela arrivait souvent au début de l'été.

Après avoir eu un traitement à la maison, elle m'a obligé à garder une cagoule à l'école le lendemain toute la journée afin d'avoir encore plus l'air bête.
Je me souviens encore de cette cagoule rouge en laine qui gratte et te couvre tout, je l'ai gardé longtemps lors des récréations.

Imaginez, une petite fille habillée en garçon car je portais les vêtements de mes frères et avec une cagoule rouge en plein été et le tout sur une coupe à la garçonne car les cheveux longs m'étaient interdit.

Vous comprenez, je ressemblais trop à ma mère donc cheveux courts et frisés obligatoire.

Elle avait les cheveux très courts, frisés, crépus du fait de ses origines réunionnaises et comme si j'allais la remercier elle a eu la gentillesse (ironie) de m'offrir pour mes 9 ans une mise en plis pour friser mes cheveux bruns très raides afin de lui ressembler.

J'en ai pleuré quand elle m'a dit : "au moins tu ressembles à ta maman comme ça".
Évidement elle parlait d'elle et non de ma mère qui avait une longue chevelure couleur épi de blé doré.

J'ai subi toutes sortes d'humiliations avec Maria.
Cela passait par la parole, les accusations, les coups et les menaces.

La menace la plus choquante qu'elle m'ait faite c'était lors d'un après-midi, j'étais monté la rejoindre dans sa pièce à sortilèges pour lui demander la permission de rejoindre Sabine chez elle pour jouer.

Elle m'a regardé avec son regard noir et m'a dit « tu vas encore aller faire ta salope, je te préviens je vais t'enfoncer un bâton de fer dans la ch@tte tu vas voir ça va peut-être te calmer ».
Je n'ai même pas attendu sa permission, j'ai dévalé les escaliers 4 à 4 et j'ai couru chez Sabine en larme.

Adulte, je réalise que ce type de propos crées une blessure en lien avec l'intimité et que c'est une forme d'agression verbale, un abus psychique.

Je n'avais pas conscience à quel point tous ces mots plus tard auraient des répercussions sur ma vie de femme, sur l'acceptation du désir de l'homme et de mon désir à moi.

Quand on a 11/12 ans on ne pense pas à ça, on sait qu'on souffre, qu'on a peur mais on ne sait pas que notre avenir dépend de tout ça.

Tous les jours près de Maria ont rimé avec violence, alcool, disputes violentes avec mon père, peur et perte de moi-même, je sombrais de plus en plus dans un abîme de souffrance dont je ne pourrais jamais sortir.

Je me souviens de ce soir-là, ils étaient tous les deux ivres et leurs disputes a failli virer au suicide collectif lorsque Maria a saisi la bouteille d'alcool vide sur la table.
Je l'ai vu attraper la bouteille pour la casser sur le coin de table afin de récupérer le tesson en vue de s'ouvrir les veines.

Lors de leurs disputes, je me levais discrètement de mon lit et je me cachais pour écouter et surveiller leurs actes.
Je devais me tenir prête au cas où ça n'aille trop loin, il fallait bien que quelqu'un le fasse car grandir avec deux ivrognes nous fait grandir plus vite.
On réalise très vite qu'on devra être plus adulte qu'eux pour les surveiller et parfois les protéger d'eux-mêmes.

Je ne compte plus les jours d'école ratés, ce qui m'a valu le redoublement de ma 5ème, les heures à récurer la maison telle cendrillon avec ses vieux haillons.

Les devoirs à faire faire à mon petit frère, le ménage, la préparation des repas, les nuits passées à table pour finir nos assiettes jusqu'à en vomir (encore et surement une contribution à ma phobie du vomi et mon anorexie mentale), l'obligation de ramasser le vomi de mes frères, toute cette souffrance passée sous silence et accumulée depuis des années.

Les fugues avec Jo pour nous réfugier chez ma grand-mère en pleine nuit avec nos vélos.
Ça aurait pu être dangereux car nous avions 50km à faire et Jo s'était blessé sur la 4 voies en chutant de son bi-cross.
C'est un monsieur qui nous a ramassé et conduit chez notre grand-mère.
Nous n'avions même pas conscience que nous pouvions nous mettre en danger en montant avec un inconnu. Nous étions partis dans l'après-midi alors que Maria avait pété un plomb en forêt nous jetant des châtaignes à la tête.

Avec Jo, unis, nous nous sentions forts et invincibles.
Nous allions chez mamie à l'abri et nous mangerions des châtaignes en chemin, même pas peur….

Mais les heures ont passé, le froid et la nuit sont tombés, chaque sirène de police que nous entendions, nous nous cachions pensant qu'ils étaient à notre recherche mais il n'en était rien.

Nous sommes arrivés chez ma grand-mère avec ce monsieur vers 23h30/minuit de mémoire.
Après nous avoir donné un lait chaud et un petit encas, mamie a prévenu Maria qui soi-disant pleurait et regrettait puis nous sommes allés nous coucher assez fiers de nous.

Nous étions, au moins pour cette nuit, dans des lits confortables, bien au chaud et à l'abri du danger.

Maman où étais tu ?
Pourquoi tu ne m'as pas protégé de tout ça ?
J'aurai peut-être une vie normale aujourd'hui, je n'aurai peut-être pas peur de devenir folle, peur d'être submergée par toute cette douleur au point de me tétaniser et ne plus réussir à avancer.

Ma mère n'était pas là à cette période de ma vie, comme d'habitude j'ai envie de dire...
Comme je vous l'ai dit, ça a été très compliqué avec ma mère durant de très longues années.

C'est très flou au niveau de la chronologie, à contrario, les souvenirs eux sont très nets.

Il est temps de vous parler de ma maman, cette femme que j'ai haïe autant que je l'aime, celle pour qui j'ai à ce jour un amour incommensurable mais pour qui j'ai encore parfois de la haine et la culpabilité de ressentir ce sentiment.

France, ma mère

Ce chapitre va être le plus douloureux à écrire car même si je suis encore en contact avec ma maman, je crois que c'est une blessure qui ne guérira jamais…

J'ai grandi sans maman.
J'ai eu beau l'avoir quelques courtes durées dans ma vie d'enfant, durant ces périodes ma mère n'a jamais été une mère.

Il n'y a que depuis 10 ans vraiment qu'elle est dans ma vie même si parfois nous rencontrons encore quelques fragilités dû à une certaine rancœur et tristesse de mon côté.

Pour moi, une mère n'est pas juste la femme qui porte la vie, une maman aime son enfant, se bat pour lui, le guide, le console, le protège, l'accompagne, lui parle, l'écoute, joue et ris avec.
Elle partage toutes les étapes importantes de sa vie jusqu'à ce qu'il prenne son envol.

Ma mère n'a pas fait tout ça.

Maman pardonne-moi si tu lis ce livre.

Tu en sais déjà beaucoup car toi contrairement à mon père et aux autres personnes qui m'ont fait du mal, tu es la seule à m'avoir autorisé à vider mon sac de toutes les façons possibles alors sache que tout ce que je vais écrire n'est pas fait pour te faire mal ou te culpabiliser.
C'est juste mon cœur et ma douleur qui parle.

Concrètement jusqu'à ce jour où la fourgonnette est venue nous chercher Yvan et moi, notre mère était Maria.
On ne connaissait qu'elle et puis France est arrivée dans nos vies voulant faire valoir ses droits de mère.

Je ne la connaissais pas, je découvrais une femme magnifique et qui sentait divinement bon, Opium de Yves Saint Laurent, une odeur que je lui ai toujours associée.

Contrairement à Maria, elle avait de longs cheveux blonds, elle était féminine, toujours habillée en tailleur et talon aiguille.

Chez elle, les meubles en pins clairs donnaient un côté chaleureux et rassurant à son logement et son parfum embaumait tout l'habitat.

Les moments de passer à table se faisaient devant la télé tous ensemble dans bien souvent des cas et chacun avait sa place.

Il n'y a que dans les moments où elle se disputait avec son mari Petro qu'elle restait dans la cuisine ou dans son bureau.
En réalité, elle se cachait pour pleurer.

Je me souviens de ses pâtes aux jaunes d'œuf servi dans un bol et mangé à la cuillère à café, de son poulet au basilic et à la crème servie avec des pommes dauphines.
Je me rappelle qu'elle les mettait à cuire dans un plat qu'elle fabriquait avec du papier aluminium.
J'observais tout ce qu'elle faisait avec adulation.

Je me remémore les matins où l'odeur de ses tartines de pain grillés cuites sur le feu de la gazinière sentait jusqu'à la chambre de ma sœur, je sens encore l'odeur en écrivant.

Je me souviens également de ce débarras dans lequel étaient entreposées des étagères avec un stock de nourriture mais surtout des sucreries.

Elle veillait toujours à ce qu'il y ait mes petits plaisirs préférés : le lait Nestlé sucré en tube et les petits berlingots Nestlé avec différents parfums, des Dragibus, des Mentos, c'était la caverne d'Ali Baba pour moi n'ayant pas été habituée à ça chez mon père.

Ma mère vivait avec Petro son nouveau mari et leur fille dans un appartement en cité HLM.
Ma sœur avait une chambre que je jalousais car elle avait des jouets, elle avait tout ce qu'une petite fille rêve d'avoir.
On se serait cru chez Disney mais surtout elle avait la chance d'avoir ma mère près d'elle et de ne jamais avoir manqué d'elle.

Ça me faisait mal d'avoir été privé d'elle et de me dire qu'elle m'avait remplacé par une autre fille.

Quand ma mère a refait sa vie, son nouveau mari face à une situation hostile avec mon père a demandé à ma mère de faire un choix entre lui et ses enfants et elle a choisi son mari…

J'ai souffert de ce choix toute mon enfance et encore plus aujourd'hui que je suis maman d'autant qu'avec Kriss j'ai été confronté à cet ultimatum et le choix a été vite vu et c'est d'ailleurs grâce à ce choix que j'ai réussi à mettre un terme à notre relation.

Quoi qu'il en soit j'ai vu ma mère en dent de scie durant toute mon enfance.
J'ai quelques bons souvenirs avec ma mère contrairement à mon père et ses femmes mais j'en ai aussi de mauvais.

Je me souviens d'un des premiers week-end où ma mère nous a reçu, elle pleurait et nous avait offert une petite poche de bonbons toute faite de la boulangerie.
Elle nous a installé à table pour parler.
Je me souviens qu'elle nous disait avoir le cœur très fragile à cause de mon père.
Elle me racontait les coups qu'elle avait reçu de mon père mais j'étais jeune je ne comprenais rien et puis surtout n'ayant pas vécu tout ça car trop petite lors de leur divorce il m'était donc impossible de juger ou prendre parti.

C'est terrible d'avoir des parents séparés qui se déchirent par le biais de leurs enfants car les enfants se sentent obligés de choisir entre l'un ou l'autre.
L'enfant en arrive à culpabiliser s'il a le malheur de dire je veux être avec papa ou maman…

Ma mère était une grande hypocondriaque, jalouse maladive et un peu manipulatrice mais malgré ça je la vénérais, c'était ma maman, mon héroïne et par dessous tout je pensais qu'on avait le pouvoir et le droit de rattraper le temps perdu.

Grosse erreur, on ne rattrape jamais le temps perdu.

On construit autre chose, différemment, en essayant d'accepter ce qui a été perdu mais ça je l'ai compris plus tard, pour autant j'ai encore du mal à l'accepter et c'est pour cela que ça a été d'autant plus dur d'avoir raté des moments de vie de mon fils Luc, je pense que ça me renvoyait à ma propre histoire.

On a beau vouloir l'empêcher ou se dire qu'on ne commettra pas les erreurs de nos parents, toutes nos expériences de vies, notre enfance, nos échecs et réussites sont liés à notre passé et notre histoire familiale.

Notre vie passée impacte notre vie présente, nos choix, nos relations, c'est inévitable et malheureusement parfois cela a de lourdes conséquences quand le passé a été traumatique et semé de souffrance.

J'ai grandi et les conflits ont commencé au sein de ce cocon mère-fille.

Déjà avec ma demi-sœur qui ne supportait pas ma présence au point de me mettre à la porte de chez eux en l'absence de ma mère, de plus ma mère a commencé à me jalouser par rapport à son mari Petro.

Je n'avais pas le droit de mettre de short en été ou de jouer aux jeux de plage avec lui sans me faire accuser de vouloir l'allumer.

Je me mettais malgré tout en tenue estivale comme n'importe quelle adolescente mais je savais que ma mère ne supporterait pas le moindre regard de Petro sur moi et ce même si je n'y voyais rien de

malsain car pour moi, c'était juste normal de bien s'entendre avec son beau-père.
Ma mère, elle, y verrait forcément le vis.

Je ne savais pas l'enfer qu'il lui faisait vivre, cette façon qu'il avait de la rabaisser sur son physique, sur son poids, sur l'amour qu'il n'avait pas pour elle et les regrets qu'il avait à l'avoir épousé mais en soit c'était leur histoire d'adultes et cela ne me concernait pas.

Qu'est-ce que j'en avais à faire moi de son mari !
J'étais juste moi, une ado, je pensais pouvoir être enfin libre et heureuse à l'inverse de chez mon père.
Je n'avais pas quitté un lieu destructeur pour en trouver un autre.

Ma mère et son mari se disputaient tout le temps et souvent durant les vacances les disputes me concernaient car elle l'accusait d'avoir des relations mécaniques à mon égard.

Je me sentais si sale et si mal d'entendre ça, comment pouvait elle rejoindre mes belles mères d'une certaine manière et m'accuser de choses que je n'avais pas commise ni même pensé, pas elle ….

Imaginez deux secondes que chez votre père vous soyez la salope comme votre mère qui couche avec son père et chez votre mère la jeune fille qui fait réagir physiquement un homme adulte et qui allumerait volontairement selon les dires de ma mère.

Voilà avec quoi j'ai dû me construire et créer mon image de femme, l'acceptation du désir et de mon corps.

Autant vous dire que même encore aujourd'hui je suis incapable de me mettre en valeur sans craindre d'être une salope et de commettre quelque chose de mal.

Quand je côtoie des copines femmes en couple, je n'ose jamais parler à leurs maris de peur d'une remarque ou d'une accusation.

Ça me poursuit et me poursuivra toute ma vie…

Ma mère ne le sait pas mais j'ai toujours des séquelles de ses accusations car même avec mon beau père j'ai gardé des craintes.

Du coup, je fais toujours très attention à comment je m'habille, ce que je fais avec lui ou pas et pourtant ma mère ne me dit plus rien, malheureusement c'est ancré.

Elle a beau avoir guérit et évolué sur ces points, les blessures liées aux accusations injustifiées sont restées gravées.

Comment une jeune fille peut devenir une femme sûre d'elle en accord avec son corps, son image, son désir quand elle a le sentiment d'être sale et souillée jusque dans son âme ?

Ma mère a longtemps souffert d'hypocondrie et je tiens ça d'elle.
Avant de vivre avec elle je n'avais pas toutes ces phobies, je n'étais pas hypocondriaque, je pense que c'est en la voyant elle, malade imaginaire à l'époque de son second mariage lié à son mal être que je suis devenue comme elle.

Dans les périodes où je vivais chez elle, elle avait toujours cinquante maladies imaginaires ce qui m'a fait développer des angoisses face à la maladie sans compter qu'à force de m'impliquer dans ses délires névrosés de jalousie excessive je suis devenue pathologiquement malade de jalousie.

Maman, aujourd'hui tu es dans ma vie et tu m'accompagnes au quotidien pour traverser mes combats, mes peurs, mes souffrances, mes phobies très prononcées mais je crois que c'est la moindre des choses.

Je m'excuse souvent de t'embêter avec ça car tu as ta vie mais si j'en suis là c'est en partie de ta faute alors d'une certaine manière il me semble que si une personne doit être là pour m'aider dans ce combat, c'est toi.

Tu me dis souvent que tu as fait comme tu as pu et que n'ayant pas ta maman comme modèle depuis tes 8 ans, ça a été dur pour toi d'être une maman et d'une certaine manière je peux l'entendre et d'un autre côté je ne peux pas le cautionner et valider cette raison.

Je n'ai pas eu de maman, tu m'as abandonné dans les mains de ses monstres.
J'ai été souillée, battue, brisée et pour autant je n'ai jamais reproduit ça avec mes enfants, bien au contraire je leurs donne au centuple ce que je n'ai pas eu et même trop d'ailleurs.

Je ne prétends pas être la maman parfaite loin de là, je leurs transmets malgré moi mes phobies, mes angoisses mais je suis toujours là pour eux et ils passent avant tout qu'ils vivent avec moi ou pas.

Parenthèse mais je repense en écrivant cette dernière phrase à Luc, le jour où les pompiers m'ont appelé pour me dire qu'il conduisait mon fils à l'hôpital car il avait eu un accident de moto.

J'étais sous la douche en train de rincer ma couleur, Théo et Lyna vaquaient à leurs occupations.

Je n'ai même pas cherché à comprendre, j'ai fait garder mes enfants, j'ai foncé retrouver mon fils aux urgences et j'avoue avoir été assez fière d'être là avant son père qui pourtant vivait avec lui car c'était une manière indirecte pour moi de lui montrer et lui dire : « tu vois même à distance, je suis et serais toujours là pour toi ».

Ce que je veux dire c'est que même sans modèle il y a des choses qui sont innées quand on est maman, c'est viscéral, ça ne se commande pas.

On apprend à faire mieux, mais l'amour et l'instinct de protection sont là dès la venue au monde de notre petit être alors maman tu comprendras que tu as beau me dire que tu n'as pas eu le choix que de me laisser car mon père était violent je ne peux pas accepter.

Maman, au contraire, tu aurais dû te battre encore plus fort pour ne pas nous laisser avec un homme que tu disais déjà alcoolique et violent pour nous protéger Yvan et moi mais peut être qu'à ce moment-là c'était plus facile pour toi d'agir comme ça ?

Je te jure, j'essaie maman de te comprendre mais je n'aurai jamais pu laisser un seul de mes enfants avec un père alcoolique et violent de surcroit.

J'ai moi-même laissé Luc chez son papa quand il avait neuf ans (et tu le sais encore aujourd'hui, je ne me le pardonne pas) et pourtant, à la différence de ton choix, dans mon cas, c'est Luc qui me réclamait à partir de la maison et je devais le protéger de mes fragilités qui lui faisaient du mal alors que toi tu as fait ce choix uniquement pour te protéger toi et tu n'as pas pensé une seconde à moi.

Non tu n'as rien trouvé mieux à faire que de refaire une fille pour me remplacer. En tous cas, c'est comme ça que je le vis encore même maintenant.

Maman tu sais ce que je vis aujourd'hui en termes de séquelles psychologiques et de souffrance quotidienne.
Tu reçois chaque jour des sms et des appels à l'aide de ma part te suppliant de m'aider, de me soulager et tu y réponds autant que tu peux.

Tu sais également ce que j'ai traversé mais tu dois savoir que tu as contribué également à me faire me sentir sale et on en a parlé il n'y a pas longtemps.

Lorsque j'avais 15 ou 16 ans, j'étais mal dans ma peau, toi tu m'accusais d'allumer Petro, tu gravais dans ma tête qu'il faisait des choses de son côté en pensant à moi et moi j'essayais d'avancer en tant qu'ado pseudo normale en ayant ses petits copains que je te présentais mais je me souviens notamment d'un moment précis qui m'a marqué ou plutôt choqué.

J'étais amoureuse de ce garçon, assez populaire et qui avait la côte auprès des filles.

Seul hic je n'avais jamais eu de relation et à cet âge les garçons ne voulaient que ça lorsqu'ils sortaient avec une fille.

Je t'avais dit avoir des problèmes et avoir besoin d'aide et tu m'as répondu que j'avais juste besoin d'un sexologue car pour toi ça n'était pas normal d'être vierge à mon âge.

Non mais maman, réveilles toi, quelle mère dit à sa fille d'aller voir un sexologue quand elle te dit aller mal et avoir un problème mais surtout qu'elle a peur des relations sexuelles et des hommes.

Je me souviens que tu as même ajouté que mon cul n'était pas le Saint sacrement puis il y a eu ce fameux samedi.

Vous étiez absent toi, Petro et votre fille.
Jérémie devait venir à la maison, j'avais peur car j'appréhendais qu'il tente quelque chose avec moi.

Tu m'avais dit où trouver une protection si besoin mais surtout tu avais parlé avec lui pour aller dans ce sens sans que je le sache.

Maman tu réalises que c'est une forme de « viol » psychologique ?

Comment veux-tu que je réagisse quand tu me dis avoir besoin d'un sexologue et que Jérémie me dit que tu lui as expliqué que j'en avais envie mais que j'avais juste peur et qu'avec un peu de douceur et de patience on avait la journée devant nous ????!!!

Maman, j'avais besoin d'une mère mais toi tu n'étais pas là.

Tu as été là physiquement mais tu as contribué à faire de mon corps une chose dont tout le monde peut profiter sans que je n'aie de mot à dire et à me sentir encore plus sale que je ne l'étais déjà.

Par la suite je suis repartie chez mon père car même dans tous les autres domaines de ton rôle de mère, tu étais défaillante.

Après ton divorce avec Petro, tu as énormément souffert, tu es tombée en dépression et ça je le comprends car cet homme t'as fait énormément souffrir.
Il faut reconnaitre que ce gros porc t'a rabaissé de toutes les façons possibles.
Tu t'es laissé aller et tu as commencé à prendre du poids et là inconsciemment les paroles de mon père me sont revenues : « tu es une grosse vache comme ta mère » alors j'ai commencé à tomber dans l'anorexie et ça a été très facile pour moi car tu n'étais jamais là.
Nous étions ton autre fille et moi livrées à nous même.

J'avais tellement peur de devenir « grosse comme ma mère » et je voyais certains membres de ta famille en surpoids.
Tout ça venait renforcer ces mots d'une telle violence : « grosse vache comme ta mère ».

J'ai honte de dire ça car il y a des personnes qui souffrent de surpoids à cause de maladies, ou de traitements médicaux mais toi c'était le laisser aller et il y avait ce trauma verbal de mon père ce qui a créé chez moi l'anorexie mentale (anorexie ou l'acte de vomir n'est pas présent, c'est le psychique qui empêche l'absorption d'aliments).

Je demande pardon aux personnes fortes, c'est mon trouble alimentaire qui parle et non mon cœur qui comprend et hurle que chacun a sa place.

Lorsque nous étions seules, tu avais déjà rencontré Papou avec qui tu es mariée aujourd'hui et moi j'avais Kriss (oui Kriss le pervers avec qui je suis restée presque deux ans après mon 1er divorce, a été mon premier grand amour quand j'avais 16 ans nous avions été un an ensemble et il m'avait déjà trompé) quoi qu'il en soit à ce moment-là, je cumulais mon CAP coiffure et les repas à préparer pour ma demi-sœur et le ménage car évidement ton autre fille n'en branlait pas une.

Tu venais de temps en temps remplir le frigo comme tu pouvais car financièrement c'était très dur pour nous et tu as commencé à me demander de participer avec ma toute petite paye alors que je remboursais déjà ma patronne d'apprentissage qui avait eu la gentillesse de me payer mon matériel de coiffure car elle croyait beaucoup en moi, elle me voyait déjà reprendre son salon et t'en avait parlé d'ailleurs.

Je devais aussi me payer mes cigarettes, ma carte de bus si bien qu'à la fin, il ne me restait plus rien donc j'ai refusé.
On s'est méchamment disputées et je suis partie, c'est la dernière fois que j'ai vécu avec toi durant mon adolescence.

Parler de mes cigarettes me fait penser à un détail. J'ai commencé à fumer quand j'avais 11 ans.
Je piquais les Gitanes maïs de mon père pour fumer en cachette.
Lorsque Maria l'a su, elle l'a dit à mon père qui m'a collé la plus grosse gifle de ma vie et m'a demandé de copier 1000 fois le slogan

qui était inscrit que les paquets de cigarette à l'époque : fumer nuit gravement à la santé et à son entourage.

J'avais eu interdiction d'aller me coucher tant que ça ne serait pas fait.

Il devait être 02h du matin quand Maria s'est introduit dans ma chambre et m'a offert une royale menthole pour fumer à la fenêtre avec elle.

Je n'avais pas conscience à ce moment-là que c'était grave ce qu'elle faisait au vu de mon jeune âge.

J'ai d'abord cru à un piège mais non, ce soir-là, elle a eu un élan de gentillesse et n'était pas alcoolisée, c'était très peu de temps avant qu'elle ne quitte la maison d'ailleurs.

A 12 ans c'est mon père qui me payait mes paquets de cigarettes par 10 pour me rémunérer de mes journées à travailler avec lui au magasin.

Parenthèse finit, maman, après cet épisode on ne s'est pas reparlé durant presque deux ans.

Me voilà donc de retour chez mon père où Joelle et son fils Freud se sont installés.

Avant de vous parler de Freud et de sa mère, je veux juste te demander maman comment je dois aujourd'hui réussir à vivre avec ton absence, tes lacunes de la maman que tu as été durant de longues années et la plaie béante que tu laisses en moi ??

Certes aujourd'hui tu es là mais j'ai encore tellement de rancœur en moi, tu n'as pas idée de la souffrance, du mélange d'émotions que j'ai à ton égard, c'est tellement ambivalent et douloureux.

Tout mon être t'aime d'un amour passionnel et inconditionnel mais une autre partie de moi te haïs encore parfois car les souvenirs, les émotions me hantent et me détruisent.

Cela doit vous paraître bizarre et à moins de le vivre je ne suis pas sûre que quiconque comprenne.

Maman j'ai pensé tant de fois à couper les ponts avec toi pour me libérer de cette dépendance à ton égard, de toujours avoir cette crainte que tu me fasses la tête si je ne réponds pas à tes appels ou encore que tu refuses de m'aider pour mes phobies si je n'ai pas été là pour toi tel jour au téléphone mais pire que tout tu es sortie de ma vie tellement de fois pendant si longtemps qu'il n'y a pas un jour où je me demande quand sera la prochaine fois où tu me sortiras de ta vie.

Tous ces moments où tu sortais de ma vie ont créé en moi cette immense blessure d'abandon.

Maman, je souffre comme tu n'as pas idée, j'ai le sentiment de crier au milieu d'une foule de personnes mais d'être invisible, que personne ne me voit ni ne m'entends, c'est horrible comme sentiment.

Même visible on me bousculerai sans hésiter plutôt qu'essayer de m'aider.

La nuit quand je revis continuellement mes cauchemars je pense à toi comme tu me dis de le faire mais ça ne suffit pas à me rassurer, je n'arrive pas à m'accrocher à ça et comment le pourrais-je puisque tu n'as jamais été là quand j'étais petite ?

Je ne sais pas ce que ça fait maman quand tu es là près de moi à me consoler, mon petit moi ne le ressens pas, tu es absente….

Ce petit moi pleure encore ton absence et te cherche encore…

Maman je t'aime tellement et je sais que demain si je te perdais mon monde s'écroulerait mais en même temps par moment je te déteste tellement de ne pas m'avoir protégé !

Qu'est ce qui n'allait pas chez moi maman pour que tu ne veuilles pas te battre pour m'avoir près de toi ?
Je n'étais pas assez gentille quand j'étais petite ?
Je pleurais trop ?
Pas assez jolie ?

Je ne sais pas maman dis-moi qu'est ce qui ne va pas chez moi s'il te plaît maman sauve moi de toute cette souffrance.

S'il te plait maman à défaut de m'avoir sauvé petite, sauve-moi maintenant car si une maman ne peut pas sauver son enfant alors qui peut le faire ???

Maman tu comprends pourquoi dès fois quand tu te permets de me dire que je fais mal dans mon rôle de mère je vrille complètement ?

Je me dis mais elle est qui pour avoir le culot de me dire comment je dois faire avec mes enfants alors que toi même tu n'as pas été capable d'être mère avec aucun de tes enfants à l'époque où nous n'étions que des enfants.

Je suis désolée si mes mots sont crus et abruptes mais tu as reproduit tes erreurs avec tes 3 enfants et pas seulement avec moi.

Maman je sais qu'aujourd'hui tu fais tout pour demander pardon, pour être présente, pour réparer tes erreurs et mes blessures.

Tu réponds à chacun de mes sms de supplications quand je suis en crise sur les wc et en proie à une crise de phobie gastro et vomi.

Tu es toujours là dans mes phases de dépression, de panique, de crise d'intestins irritables et même dans mes difficultés du quotidien qui ne s'apparentent pas à toi.

Tu es une grand-mère superbe, Lyna et Théo t'aiment énormément mais pour autant mes blessures ne s'effacent pas et je ne sais toujours pas comment vivre avec du haut de mes 41 ans alors maman es-tu capable de me promettre que ça passera un jour ?
Que j'aurai une vie normale ?
Une vie où je suis heureuse ?
Où je me souviens de toi mais sans la douleur ?
Parce que sincèrement je suis épuisée de vivre dans la souffrance comme ça, ce n'est pas une vie, à ce jour, je survis…

Maman, pardonne-moi tous ces mots s'ils te blessent mais ils ne sont que le reflet de mes maux et je dois exorciser tout ça, pardon si je te fais du mal car je t'aime énormément malgré tout.

J'avais si peur ce soir en écrivant ce chapitre-là concernant que je lui en ai parlé par sms et parce que sa réponse m'a touché, je lui ai demandé la permission de partager ses messages.

C'est donc avec son accord que je vous partage ses sms car c'est dans ça qu'elle m'aide à accepter le mal qu'elle m'a fait, elle m'autorise à ressentir tout ça et ne m'en veux pas.

Extrait de notre discussion :

Priscilla :
Je regarde la 20 en continuant mon livre oui ça avance super bien
J'en suis au passage sur toi ce n'est pas évident car je dis bcp de choses j'espère que tu ne m'en voudras pas

Maman :
J'ai dû le sentir lol

Priscilla :
Ça remue beaucoup mais bon… hier soir j'ai fini à minuit quasiment

Maman :
Mais non pourquoi je t'en voudrais… ?

Priscilla :
Parce que je dis sans retenue et sans tabou tout ce que j'ai sur le cœur et ce que j'ai vécu avec toi et comment je l'ai ressenti au même titre que mon père et j'y greffe mon avis et analyse personnelle
Ça va être dur à lire pour toi j'espère que tu ne m'en voudras pas
En aucun cas c'est fait pour te faire du mal ou des reproches comme je le dis dans le livre
J'ai dépassé les 100 pages

Maman :

Je ne peux pas te reprocher ce que tu as vécu et comment tu l'as vécu ce serait bien injuste et tu as besoin de le sortir pour aller mieux et moi pour aussi comprendre ce qui s'est passé et comment tu la vécu

Je n'ai pas été une maman j'en suis consciente et je l'ai toujours su j'ai essayé de me rattraper du mieux que j'ai pu et je sais très bien que ça ne peut et ne pourra jamais effacer tes souffrances ni même les atténuer sinon tu serais moins comme tu es aujourd'hui.

Je ne peux pas l'effacer et pourtant je souhaiterais tellement avoir pu le faire souvent je me dis qu'en fait quand on donne la vie à des enfants c'est très égoïste car on devrait déjà comprendre si l. Au capable d'en prendre soin...!! À mon époque on se foutais de savoir si une gamine serait une bonne maman et mon Père s'en foutais royalement. Si ma maman avait été là elle je pense m'aurait guidé et peut-être que je n'aurais pas raté ma vie de femme et de mère. Mais sa on ne le saura jamais

J'espère que ce livre rapportera une délivrance une renaissance et que tu pourras enfin muer comme un serpent perdre cette peau de souffrance et tel un papillon renaître. C'est tout ce que je te souhaite et comme je te l'ai déjà dit si faire une croix sur moi comme l'a fait ta sœur pourrais te permettre de mieux vivres alors je l'accepte pour ton bien être

Priscilla :
Merci pour ces mots qui me rassurent et qui sont vrais

Maman :

Néanmoins je fais la brave mais si tu faisais une croix sur moi je serais très mal..

Priscilla :
Comme écris dans mon livre ça m'est arrivé d'y penser mais je suis incapable de le faire tu liras tu comprendras enfin je l'espère
M'autorise-tu à prendre tes derniers sms pour les copier dans mon livre ?
Là je finis ton chapitre après 6 pages

Maman :
Mais bien sûr ma chérie y'a pas soucis
6 pages pour moi toute seule mais 7 c'est mon chiffre car je suis ou plutôt j'étais là 7

Priscilla :
On sera à 7 avec les sms

Merci maman de m'autoriser à t'aimer avec tous mes troubles et à te détester par moment quand la souffrance est trop dure.

Joelle et Freud (belle-mère N°2)

Me revoilà donc au point de départ dans cette maison hantée.
Hantée de Maria, d'abus, de souffrance, de peur et de moi criant à l'aide.

Je constate que mon père n'a pas perdu de temps.
Joëlle est installée dans notre maison et son fils du même âge que moi est là également.

Je remarque tout de suite qu'elle est alcoolique.

Je vois à sa façon de me regarder qu'elle ne m'aime pas et ne voit pas mon arrivée d'un très bon œil.

C'est assez vague sur la durée.
Je me souviens qu'elle travaille au domicile des gens en tant qu'aide-soignante, elle boit et quand elle rentre, très souvent elle n'a ramené à manger que des choses pour son fils.

Elle finit toujours en cellule de dégrisement (la chambre de mon père).
Nous savions toujours quand elle avait bu car elle déformait certains mots et je me moquais d'elle.
J'avoue avoir ris bien souvent en l'entendant parler sous l'effet de l'alcool.

Concernant Joëlle, je n'ai qu'un souvenir à relater.
Elle était couchée dans la chambre et m'avait appelé d'une voix enraillée pour venir la voir.

Suivi de près par Freud qui n'était jamais loin de moi, je suis face à elle.

Elle est allongée dans le lit, complètement ivre, elle me parle mais les mots peinent à sortir, elle a du mal à articuler.

Elle se met en colère et sans que je ne comprenne rien, les mots résonnent : « ça ne te suffit pas d'avoir ton père, il faut aussi que tu couches avec mon fils ! »

Une carabine à la main, elle me vise, je suis sonnée et ne comprends rien.

Plus aucune réaction ne se produit de mon côté, mon corps est figé, aucun mot, juste les échos de Freud qui hurle à sa mère que si elle touche un de mes cheveux il la tuera et me voilà escortée hors de la chambre par son fils.

C'est assez étrange quand on y pense car Freud laisse bien plus de séquelles en moi mais bizarrement une partie de moi avait de la compassion pour lui.

Freud

Petit garçon qui a vécu dans son enfance avec une mère ivrogne et un père qui violentait sa mère.

Des difficultés à l'école, d'énormes problèmes d'insertion sociale, il est en SEGPA.

Il levait la main sur sa mère et était très agressif mais à côté de ça il pouvait avoir un côté très protecteur ne serait-ce que lorsqu'il s'est interposé entre mon père et moi le jour où il me cognait la tête sur le carrelage du couloir.

Lorsque je suis revenue vivre chez mon père, Freud ne me parlait jamais, son regard me mettait mal à l'aise car il me jaugeait sans arrêt.

Très vite je me suis rendu compte que quand je n'étais pas là, il rentrait dans ma chambre et fouillait dans mes affaires.

Tout a vraiment commencé à dégénérer lorsqu'il m'a fait comprendre qu'il était amoureux de moi et que je lui ai dit que ce n'était pas réciproque.

Les mois qui ont suivis ont été horribles.

Freud devenait de plus en plus violent, sa mère devait régulièrement l'emmener hors de la maison quelques jours pour qu'il aille s'apaiser chez ses grands-parents maternels m'accusant au passage d'être responsable de l'état de son fils.

En somme, je n'avais pas le droit de le repousser…

Quoi qu'il en soit Freud lorsqu'il était de retour à la maison attendait toujours que nos parents soient absents pour agir.

Je me souviens d'un matin où sa mère travaillait et mon père était au magasin.

Je savais que nous étions seuls tous les deux dans la maison alors je restais dans mon lit, je n'osais même pas respirer.

J'adoptais la même attitude que celle que j'avais adopté après le départ de Maria :

- Allongée dans mon lit le plus platement possible en essayant de ne pas respirer ou très peu dans l'espoir qu'on ne me verrait pas, que je passerais inaperçu.

J'arrivais à me persuader que j'allais tellement m'aplatir en arrêtant de respirer que je pourrais m'enfoncer dans le matelas pour ne faire qu'un avec et totalement disparaitre.

Je mettais également une petite clochette derrière la poignée de ma porte pour être certaine que si quelqu'un rentrait dans ma chambre je serais tout de suite alertée.

J'essayais de trouver tous les subterfuges possibles afin de ne pas être vue tout en étant à l'écoute du moindre mouvement approchant de ma chambre.

Le fait est que Freud s'était levé car je l'avais entendu descendre les escaliers.

Il avait sa chambre à l'étage et s'était constitué un coin télé et gaming sur la mezzanine.

Il s'est approché de ma chambre, a entrouvert la porte et pensant que je dormais, il a susurré tout bas « attends toi, je vais pisser, je reviens et t'es morte ».

A peine j'ai entendu la porte des toilettes se refermer que je suis sortie de mon lit en chemise de nuit, j'ai ouvert les volets de ma chambre et je suis sortie pieds nus dans le jardin.

J'ai escaladé la petite haie qui séparait notre jardin à celui de nos voisins (je me souviens même de leurs noms : Les Touch***) et j'ai couru pieds nus dans le lotissement en chemise de nuit en direction de chez Sabine où j'ai toqué de toutes mes forces jusqu'à ce qu'elle ouvre enfin la porte.

Je me souviens de la météo, il faisait très froid mais le soleil brillait, ma chemise de nuit était blanche et longue mais fine et j'avais froid.
Je ne sais pas si je tremblais à cause du froid, de la peur ou peut-être même les deux.

Je suis restée chez elle jusqu'à ce que mon père vienne me chercher et me dise que je pouvais rentrer car sa mère l'avait emmené chez ses parents à elle.
Il faisait nuit et les parents de Sabine étaient déjà rentrés donc mon père avait fini sa journée de travail avant de venir me récupérer.

Dans la voiture en direction de la maison, mon père m'a demandé de ne pas faire de vague et ne pas prêter attention à ce que j'allais voir, que c'était déjà assez compliqué comme ça.

J'étais horrifiée en découvrant l'état de ma chambre et soulagée de n'avoir pas été là mais je ne savais pas qu'à ce moment-là, cette scène sonnait le début d'une longue série de moments cauchemardesques.

Ma chambre avait été mise à sac mais le plus traumatisant restait le matelas qu'il avait éventré à l'aide d'un couteau.

Je ne saurais vous dire combien de coup et avec quelle violence il a pu commettre cet acte mais impossible de dormir dedans.

Je me rappelle juste que mon père m'a dit de jeter ça, que ce n'était pas grave et tout le monde a enterré cette histoire comme on tire la chasse d'eau après un besoin.

Pour ma part ça ne se passait pas comme ça, c'était juste une continuité sans fin de punitions que la vie m'infligeait, je devais vraiment être une horrible personne, je pensais devoir payer de ma vie le simple fait d'être moi, d'être là tout simplement.

Comme après chacune de ses crises, Freud est revenu, calme au début mais ce que personne ne savait c'est qu'il avait beau être calme en apparence, intérieurement Freud avait la haine et la rage de faire mal et il en avait après moi car ses sentiments n'étaient pas réciproques.

C'est alors qu'un autre après-midi est arrivé et qu'il a pensé que je me foutais de lui parce qu'il m'aimait sans retour et que cela ne me touchait pas qu'il souffre de la non-réciprocité de ses sentiments pour moi.

A ce moment-là nous avions un autre colley « Eden ».

Freud en apprenant que j'allais aller voir Sabine, m'a attrapé par le bras et a sorti une paire de menotte.

Il m'a conduite à la cuisine et m'a menotté au frigo me menaçant de tuer mon chien si je ne faisais pas ce qu'il disait.

Les heures ont passé, peut être deux heures, je pleurais espérant que sa mère rentre, j'étais fatiguée, j'avais mal au poignet et j'avais très envie de pipi.
Il riait.
A force de supplication, il a fini par me détacher pour me laisser aller aux WC, je pensais que ça allait s'arrêter là mais non il avait un autre plan.

Il avait attrapé Eden et lui avait collé dans le collier des énormes Mammouth (vous savez ces gros pétards) et m'a demandé d'aller marcher au milieu de la route avec mon chien.
J'étais terrorisée, comment était-ce possible qu'après tout ce que Maria m'avait fait endurer, je doive encore affronter ces épreuves.

Je suis allée dehors, j'ai pris mon chien avec moi et sous la surveillance et les menaces de Freud nous avons marché Eden et moi au milieu de la route.
Une voiture est arrivée et a klaxonné, je n'ai pas bougé car mon bourreau était là. Sans sa permission je ne pouvais rien faire, je refusais qu'il fasse du mal à mon chien et il le savait.

Il ne pouvait pas m'atteindre alors son moyen était de se servir des êtres auxquels je tenais, il avait même menacé de faire du mal à Sabine mais il n'en a jamais eu l'occasion car j'ai fait ce qu'il fallait avant.

La voiture était toujours là quand il m'a autorisé à rentrer et m'a trainé jusqu'à la salle de bain.
Il m'a collé contre le lavabo qui s'est d'ailleurs un peu décollé du mur tellement il m'y a poussé violemment, je savais qu'il allait me taper, il était en colère et la violence sortait par tous les pores de sa peau lorsque sa mère est arrivée.

Il m'a lâché et m'a balancé « si tu parles à ton père, t'es morte » avant de sortir rejoindre sa mère comme si rien ne s'était produit.

Je me suis effondrée, j'ai pleuré un moment dans la salle de bain avant de réussir à sortir pour endosser la responsabilité du lavabo décollé.
Par la suite j'ai dû refaire le joint.

Les jours ont suivi et j'ai réfléchi, il fallait que je trouve une solution.
Je ne supportais plus d'avoir la peur de mourir dès que nous étions seuls à la maison, c'était inconcevable qu'il fasse du mal à Eden ou à Sabine sans compter qu'il connaissait le nom de tous mes amis car il avait crocheté mon journal intime.
Je ne savais donc pas de quoi il était capable.

J'ai fini par trouver, j'allais lui faire croire que je l'aimais, je n'avais plus rien à perdre au stade où j'en étais, hors mi ma vie.
J'avais de plus en plus d'idées noires, je voulais en finir avec la vie alors un peu plus, un peu moins…

Nous sommes donc sortis ensemble mais je me scarifiais les bras plus que jamais car j'aimais un autre garçon.

Freud, quant à lui commençait à se poser des questions parce que je refusais de me montrer à l'extérieur avec lui et à parler de lui à mes amis.

Il le savait car nous étions dans le même collège du temps où il a vécu chez mon père.

C'est en écrivant que je me rends compte que tout est flou au niveau de la chronologie parce que je vois des petits copains, des années collèges mais je ne situe pas ces périodes, quoi qu'il en soit, Freud a eu des doutes et me demandait davantage pour lui prouver que j'étais sincère avec lui.

C'est à ce moment-là que j'ai pris conscience que j'allais vendre mon âme au diable et que j'allais contribuer à me sentir plus sale.

Il m'en a demandé encore et encore plus jusqu'à ne pas écouter mes refus d'obtempérer quand j'avais peur.
J'ai alors découvert des pratiques sexuelles que j'ai réalisé sous la contrainte et sous la peur de mourir si je n'arrivais pas à le convaincre de mes pseudos sentiments.

C'est donc une énième fois où j'ai été abusé et je ne le découvrirais que plus tard mais violée également car il y a eu introduction.

Il faut bien faire la différence entre une agression sexuelle et un viol.

Le viol à la différence d'une agression met en évidence une introduction par un des orifices de notre corps sans notre consentement réalisé sous la contrainte et la menace.

Pour ma part avec Freud c'était buccal et vaginal mais à cet âge et le sujet étant tabou à l'époque ce n'est que lors de mes premières thérapies que j'ai su que ce que j'avais subi n'était pas normal.

Je le savais intérieurement que ce n'était pas normal mais je me sentais responsable du fait de lui avoir fait croire que je l'aimais dans le seul but de rester en vie.

Il m'arrive encore de sentir cette culpabilité le concernant car c'est moi qui lui ai fait croire que je l'aimais pour rester en vie et ne plus subir sa violence mais pour autant j'ai dit NON quand nous étions dans sa chambre et il ne m'a pas écouté alors oui je l'ai laissé faire mais pas par plaisir, uniquement par peur parce qu'il allait douter de moi et me tuer.

Aujourd'hui, je ne sais pas si je suis en colère après lui, après moi ou encore après mon père car si je m'étais sentie protégée dans un foyer normal, j'aurai osé en parler.

Une partie de moi lui trouve des circonstances atténuantes mais une autre qui a aussi un vécu traumatique n'a jamais agis de la sorte, alors a-t-il vraiment des excuses ???

Est-ce que chaque personne traumatisée par la vie ou un drame peut se dédouaner de ses agissements grave en se servant de ça ??? Non !!

Pour ce qu'il m'a imposé sur son lit dans sa chambre, je m'en veux, j'ai le sentiment d'être responsable car peut-être qu'en lui faisant croire que je l'aimais d'une certaine manière je lui ai autorisé à penser qu'il en avait le droit.

Ne me demandez pas à quel moment ils sont partis car je ne m'en souviens plus, je les vois partir, Freud avant sa mère d'ailleurs mais pour le reste c'est le trou noir.

Je déteste tellement ces zones d'ombres, je donnerai cher pour me rappeler…

Bien plus tard nous avons appris que sa mère était décédée d'un cancer du foie et que lui avait construit sa vie avec une femme.

Cette période de ma vie se terminant sur une note d'atteinte à mon intimité j'aimerais rebondir sur Kriss afin que vous compreniez bien tous les moyens par lesquels j'ai été salie, violée et abusée.
Que vous sachiez à quel point la souffrance s'est étalée sur la durée et contre quoi je dois chaque jour de ma vie me battre.
Il ne se passe pas une journée sans qu'une odeur, une chanson, un détail, un mot ne me renvoie sans que je ne le contrôle à un souvenir douloureux déclenchant en moi un sentiment d'angoisse.

Kriss

Je l'ai connu lorsque je vivais chez ma mère, j'avais 15 ans à l'époque.

Ma mère était commerciale.
En allant vendre ses machines à café lors d'une prospection, elle avait fait la connaissance de son beau-père et avait vite sympathisé avec.

Le beau-père de Kriss avait une bande copain dont mon beau-père actuel avec qui ma mère est mariée depuis plus de 20 ans maintenant.

Comme j'allais souvent prospecter avec ma mère j'ai fini par faire la connaissance de tout le monde et donc de Kriss.

Bad boy, beau gosse, un peu rebelle, crâne rasé qui sentait bon mais surtout il avait un sourire enjôleur.
Derrière son côté inaccessible se cachait une grande douceur et un côté très charmeur.

Les téléphones portables venaient d'arriver alors équipée de mon Nokia 3310, j'ai vite troqué les parties de Snake contre des appels avec lui malgré ma mère qui râlait pour les factures exorbitantes de hors-forfait que je lui faisais.

J'étais irrévocablement amoureuse de lui.
Il dormait à la maison, je dormais chez lui, nous faisions des sorties à 4 avec ma mère, mon beau père, Kriss et moi.

Mon beau-père et Kriss travaillaient pour le beau-père de Kriss en tant qu'agent de sécurité du coup il nous arrivait avec ma mère comme deux copines l'auraient fait, de nous faire belles pour aller les rejoindre sur leur parking.

Un an a passé sans aucune relation intime.
J'avais toujours de gros blocages, j'avais peur mais pour moi nous avions une relation idyllique et je ne me posais aucune question, j'avais confiance en lui.
Le sentiment de jalousie m'était inconnu à cette époque.

Mon anniversaire est arrivé, 16 ans.
Je m'étais préparée, je voulais passer à l'acte avec lui, j'étais prête.
En tous cas je voulais essayer et le faire avec lui pour ma première fois.

Ce moment qui aurait dû être magique a viré au drame pour moi car le moment venu il m'a stoppé et m'a avoué m'avoir trompé et il a rompu.
Aujourd'hui je le remercie de l'avoir fait à l'époque, il aurait pu se taire et en profiter car je m'offrais à lui.

Du jour au lendemain, silence radio, plus aucune réponse de sa part, plus aucun signe de vie.
J'étais brisée, larguée le jour de mon anniversaire, dans mon plus simple appareil il m'annonçait être cocue.

J'ai mis du temps à m'en remettre, j'ai voulu en finir.
16 ans, premier chagrin d'amour, ça a été tres dur.

J'étais très fragile du fait de mon enfance et lui venait créer une blessure supplémentaire de trahison et d'abandon mais surtout il m'avait sali lui aussi.

Après ça, j'ai vécu un long bout de chemin puis le moment de mon premier divorce est arrivé 13 ans plus tard.

Divorce à l'amiable avec Yon, même l'avocate pensait qu'on lui faisait une blague en lui disant vouloir divorcer.

Quoi qu'il en soit nous sommes en décembre 2009 et Facebook est arrivé détrônant MSN.
Je crée un compte et commence à rechercher tous mes ami(e)s de collège y compris lui.

Le soir même, Kriss accepte mon invitation Facebook et nous reprenons contact.
Je le crois encore en région parisienne dans le 91 là où nous nous sommes connus.

Surprise…
Il est également dans le Sud-Ouest, là où je vis.
Il est séparé de la mère de sa petite puce qui doit avoir 3/4 ans à ce moment-là.

Après de nombreux échanges à parler de tout et de rien, nous décidons de nous revoir.
Je vis encore avec Yon avec qui nous nous sommes mis d'accord qu'étant en instance de divorce nous sommes libres mais personne à

la maison par respect pour nous et nos deux enfants, on se doit bien ça après presque 11 ans de relation.

Nous devons attendre la vente de la maison avant de finaliser le divorce.

Nous décidons donc de nous voir au Mac Do avec Kriss sur un de mes soirs de sorties.
Avec Yon nous avons établis un planning pour garder les enfants à tour de rôle.

Ça y est, c'est le jour J, je vais le revoir.
J'ai le trac, mes mains sont moites, mon cœur palpite, mon ventre est tout à l'envers, je vais revoir mon premier grand amour, j'ai même oublié qu'il m'a déjà fait du mal.

Il est là, toujours aussi beau, il sent bon, il a toujours ce même sourire irrésistible et là comme si le temps n'avait rien effacé, tous mes sentiments d'antan me reviennent en pleine tête, je veux être avec lui et lui aussi d'après ce qu'il me dit.

Ça y est, nous sommes ensemble et les 5 premiers mois sont magiques, je réussis à perdre les 5 kilos qu'il me restait de ma grossesse pour Lyna, je vis un rêve mais surtout je vis d'amour et d'eau fraîche.
Je ne me doute pas une seconde que tout va basculer.

Je vis dans mon appartement, la maison a été vendue, nous sommes officiellement divorcés avec Yon et j'ai la garde de mes deux loulous.

Je suis assistante maternelle ce qui me permets de pouvoir élever mes enfants et subvenir tant bien que mal à nos besoins.

Kriss s'entend super bien avec Luc, Lyna ne lui accorde aucun intérêt elle est trop petite, quant à la fille de Kriss elle est adorable et m'aime bien, enfin je crois.

Avril ou mai 2010, alors que je travaille, mon fixe sonne.
Je n'attends aucun appel, les petits que je garde sont à la sieste, j'ai eu Kriss au tel le midi et il a repris le boulot.

Je décroche et tout bascule…

- Allo
- Priscilla ?
- Oui, c'est qui ?
- Aude, la femme de Kriss !

Je vois tout noir, je vais tomber, mon cœur palpite, je tombe sur le canapé.

- Allo
- Oui…. Mais euhhh, Kriss n'a pas de femme…
- Si, il a une femme et tu couches avec mon mec !!

Ma vie de femme fraichement divorcée vient de se stopper net.
C'est un cauchemar, je vais me réveiller.

Après m'être pris la tête avec Aude car je ne veux pas la croire, j'appelle Kriss qui évidemment n'est pas joignable. Je découvrirai plus tard qu'il était déjà en ligne avec elle qui lui annonçait qu'elle m'avait mise au courant de tout.

Ne sachant pas ce détail, je lui envoie un message bien pourri de rupture et ne réponds plus à aucun appel.

Après l'appel d'Aude, Kriss a quitté son boulot pour débarquer chez moi.
Il faut savoir que nous avions 1h15 de route entre nos deux domiciles.

Je refuse de lui parler et de le voir mais il est là, il insiste, il pleure me suppliant de l'écouter.
Il me dit que son ex est une folle qui n'accepte pas leur rupture, qu'il vit un cauchemar depuis qu'il l'a quittée.

Je l'aime et c'est plus facile pour moi d'accepter ça alors je décide de le croire.
Commence alors un trio infernal entre Kriss, Aude et moi.

Aude l'appelle tout le temps, ce que je ne sais pas c'est qu'elle souffre car elle-même est trahie alors elle le pourrie autant que possible mais à ce moment précis ne me doutant de rien, je la prends vraiment pour une dingue.

Et puis les doutes arrivent, je ne sais plus qui croire.
Kriss commence à avoir des comportements étranges.
Il n'est pas joignable quand il va chercher sa fille ou la ramener sachant que Aude me dit que dans ces moments-là ils ont des

relations intimes et me décrit parfaitement les tenues qu'il porte jusqu'à la couleur de son boxer.

Je dois préciser qu'en vendant la maison, nous avions récupéré une plus-value avec Yon divisée par deux et Kriss le savait.
J'avais des sous de côté, 22 000€ et ma mère m'avait conseillé de ne rien lui dire mais je ne l'ai pas écouté.
Cet argent doit me servir à acheter une voiture, un canapé, une télé, un frigo et une machine à laver mais surtout je voulais en placer sur des comptes pour mes enfants.
Le reste me servirait à compléter les fins de mois difficiles.

Nos disputes deviennent de plus en plus fréquentes.
On alterne les phases heureuses où mes doutes
s'évaporent et les phases de lucidité où Kriss tente par tous les moyens de me convertir à sa vision des choses : c'est ma faute je suis aussi folle qu'elle, je le pousse à bout me dit-il.

Toutes mes tentatives de rupture se sont soldées par un échec car à chaque fois il revenait en pleurant devant moi me suppliant de le croire allant jusqu'à me montrer son téléphone pour me prouver qu'il ne la contactait pas et qu'elle n'était rien pour lui.
Il mentait si bien qu'il aurait pu convaincre n'importe qui.

Kriss a commencé à devenir très jaloux, m'accusant d'allumer ses amis du handball.
Il me demandait de venir habillée d'une certaine manière car il se disait fière de mon physique mais je le payais après en crise de jalousie et insultes.

Les courses étaient devenues un calvaire, si un homme posait son regard sur moi, c'était forcément moi qui avais cherché.
Il a commencé à me solliciter de plus en plus au niveau financier et j'ai payé...

- Je ne peux pas venir te voir, je n'ai plus de carburant.

- Je ne peux pas t'appeler ma mobicarte est vide.
- J'ai déménagé mais je n'ai pas de meuble.
- Je t'invite au resto mais j'ai oublié ma carte bleue.
- Je t'invite en week-end à l'hôtel mais comme on s'est disputé débrouille toi pour payer.

Chaque fois je tombais dans le panneau et je payais si bien que sans que je me rende compte mes finances ont commencé à diminuer.
Entre les frais pour notre couple et les frais pour subvenir aux besoins de mes enfants je suis vite descendu à 10 000 puis 5000 puis plus rien à la fin de notre relation.

Il commençait à débarquer en pleine nuit où il jetait des cailloux à mes fenêtres pour que je lui ouvre.
Il jouait avec la poignée de la porte d'entrée pour menacer d'entrer en force.
Il me faisait peur mais il avait cette faculté à me faire culpabiliser et me tenir pour responsable de son état car je croyais Aude plus que lui et que mon physique aguichait les hommes.

J'étais responsable c'était sûr.

Tellement habituée à être tenue pour responsable étant plus jeune qu'il n'a eu aucun mal à me convaincre sur mon éventuelle culpabilité.

En parallèle, je commençais aussi les traitements pour les crises d'angoisses à base de plantes et j'enchainais les arrêts maladies pour troubles anxieux généralisés.

Avec Aude nous nous trouvions des points communs, notamment notre amour pour lui mais également notre trahison à la différence près qu'elle avait une fille avec lui, moi heureusement je n'avais pas d'enfant qui me liait à lui.

Kriss a commencé à devenir moins conciliant sur mes blocages sexuels qui devenaient de plus en plus nombreux avec les doutes.

Il me mettait la pression pour passer à l'acte et je le faisais car je me sentais responsable de sa tromperie et j'avais peur qu'il recommence.

Plus d'un an a passé, nous sommes toujours ensemble mais je parle de plus en plus avec Aude et nous décidons de nous voir toutes les deux.
C'est malsain au départ mais une réelle amitié nait de cette histoire et perdure encore aujourd'hui.

Été 2010, Kriss veut m'emmener à Malaga en Espagne dans sa famille pour y passer des vacances le temps d'une semaine et nous éloigner de tout ça.

Ça tombe bien, les enfants, Luc et Lyna sont en vacances chez leur papa alors nous partons avec sa voiture.

Je prends avec moi une certaine somme d'argent en liquide (1000€) pour ne pas être embêtée car Kriss me dit que c'est mieux comme ça.

Nous sommes arrivés.
Il me présente ses grands-parents ainsi que sa tante et sa compagne qui sont là également.

Le jour même, première crise de jalousie à la plage, heureusement en rentrant sa tante est là et je crois qu'elle connait bien Kriss, plus que je ne veux l'admettre, alors elle reste près de moi et lui demande de se calmer.

Le soir, dans la chambre alors que nous allions nous coucher ça continue.
Kriss a envie d'un rapport mais je ne veux pas.

D'une part, ses grands-parents sont à côtés mais en prime ça va mal entre nous et je n'en ai pas envie.
Il n'accepte pas mon refus et décide de m'empêcher de dormir jusqu'à ce que je cède à sa pulsion.

Il commence par me prendre mon oreiller et me le jeter à la tête, il prend le drap et me le retire (oui même l'été j'ai besoin d'être couverte).

Je continue de simuler que je vais réussir à dormir mais j'ai peur quand il me met l'oreiller sur la tête, j'étouffe, il me retire mes habits, il me met des coups de coude dans les côtes, me touche et finit par me dire d'aller par terre pour finir ma nuit.

Je suis en larme, par terre, j'ai peur, j'ai mal, j'ai froid, j'ai envie de pipi, j'ai envie que sa tante nous entende mais personne ne vient.
La nuit peut enfin commencer vers 3/4H du matin quand il s'endort.

Le lendemain, je suis éreintée et au plus mal mais je feins d'aller bien devant sa famille.

Kriss décide d'aller au marché au puce du village mais j'aurais d'après lui allumer tous les hommes du marché.
Il décrète que nous stoppons les vacances et que nous rentrons en France.

Il est dans une colère noire, je ne l'ai jamais vu comme ça, je ne le reconnais pas, il me fait peur.
J'appelle ma mère discrètement, je lui explique tout et je lui dis que j'ai peur de prendre la route avec lui, que je sens que ça va mal se passer.

Quand nous arrivons à l'appartement de ses grands-parents, il se fait engueuler par tout le monde qui lui demande immédiatement de se calmer, qu'il est hors de question qu'il prenne la route dans cet état.

J'ai peur, je suis sur le balcon et je pense à mes deux loulous.
Je sors un petit carnet de mon sac dans lequel j'écris un mot d'adieu car je le sais si on prend la route ce soir je vais mourir…

Il n'écoute personne, j'ai prévenu ma mère qui a plus de 1000km est morte de trouille, ma valise est prête et j'ai mes petits mots pour mes enfants.

Il est 23h, Kriss attrape violemment ma valise qu'il casse et me somme de le rejoindre dans l'ascenseur.

Toute sa famille est là devant les portes de l'ascenseur le suppliant de rester, ils me regardent tous.
Sa grand-mère pleure, son grand père ne veut même plus lui parler mais rien n'y fait, les portes se referment et nous descendons.

Dans l'ascenseur Kriss hurle et tape partout me disant que c'est ma faute, que j'ai cherché tout ce qui arrive et me demande si je suis contente, que c'était ce que je voulais mais je n'ai rien fait hors mi refuser un rapport.
Malgré tout, je m'excuse.
Il ne veut pas de mes excuses, il m'accuse d'avoir gâché sa vie, qu'à cause de moi il a tout perdu.
Je ne comprends pas de quoi il me parle mais là en vous écrivant je crois qu'il parlait de Aude.

Nous voilà lancés sur l'autoroute.
Il a une conduite nerveuse, je suis tétanisée.
Pour me rassurer, je garde mon sac à main près de moi serré contre mon ventre comme si ma vie en dépendait.

J'ai tout dedans : mes sous, mon téléphone pour appeler ma mère, mes papiers et mes deux petites lettres destinées à mes loulous.
Il hurle, nous sommes toujours sur l'autoroute direction Madrid, il tape partout sur le tableau de bord, il feint à plusieurs reprises de me taper, il m'arrache mon sac et le balance sur la banquette arrière m'interdisant de le reprendre.

J'ai peur, ma vie défile devant mes yeux.

Je ne peux prévenir personne, je prie juste que la fatigue le prenne car il est 02H.

J'aimerais qu'il éprouve le besoin de dormir dans l'espoir que je puisse alerter quelqu'un mais il n'en fait rien.

Première pause dans une station pour faire du carburant. Malgré le fait qu'il m'ait interdit de bouger je réussi à obtenir d'aller faire pipi mais sans mon sac (ça aurait été trop facile).

En passant devant la caisse je regarde l'hôte de caisse en espérant qu'il verra un appel à l'aide dans mon regard mais Kriss est déjà devant la porte dans le but de venir me chercher car je suis trop longue.

La station est déserte, il n'y avait que le caissier, je comprends que personne ne me sauvera de Kriss à ce moment précis.

Sur le parking, avant de reprendre la voiture, il m'arrache ma bague et la jette, me reprochant d'avoir gâché sa vie.

Il reprend la route encore plus énervé.

Je suis éreintée, la fatigue étant trop forte malgré la peur je commence à sombrer mais Kriss a décidé de m'empêcher de dormir et il recommence à hurler.

Là, à cet instant je sais que les petits mots écrits pour mes enfants vont servir car il me regarde et me dit : « tu es prête à mourir ? »

Il accélère et fonce sur le cul du camion devant nous, il est à 180km/h, il pile au dernier moment, il accélère de nouveau pour venir devant le camion cette fois et piler devant lui.

Il reproduit cette manœuvre durant ce qui me semble une éternité.

J'ai mes jambes recroquevillées devant moi pour me protéger, j'ai peur, je pleure, je veux sauter mais il me retient et lâche le volant me demandant de dire adieu à mes enfants.
La voiture rase la rambarde de sécurité mais il reprend le contrôle du véhicule et réitère ce geste de nombreuses fois.
4h de route se sont écoulées.

6h du matin, il décide de s'arrêter car il est fatigué et sa fatigue le conduit à un moment d'inattention car je peux enfin récupérer mon téléphone et vite entrer dans la station pour m'y enfermer dans les WC.

Nous sommes à Madrid.

J'appelle ma mère, elle est en panique et me supplie d'appeler la police ou d'aller voir quelqu'un mais impossible Kriss est collé à mes basques et je ne parle pas assez bien l'espagnol.

Je décide quand même de tenter.
Je sors des WC, je vais à la caisse et supplie le caissier d'appeler la police parce que je suis en danger.
Il comprend que quelque chose ne va quand Kriss, furax, surgis et m'attrape avec une telle violence que je tombe par terre.

Le caissier tente d'intervenir alors qu'il me traine sur le sol en direction de la sortie.
Il me tient par mon tee-shirt et je fais office de serpillère sur le sol car je suis allongée de tout mon long.

Je m'accroche à tout ce que je peux mais il a trop de force, j'ai mal. Mon corps cogne partout car il arrive à me taper tout en menaçant le caissier qui tente de s'interposer.

Il s'arrête enfin… Sauvée !

Je ne sais pas qui mais quelqu'un a prévenu les forces de l'ordre et la guardia civile arrive.

Kriss prends la fuite avec toutes mes affaires dans sa voiture, il ne me reste que mon téléphone portable.

Je suis sous le choc, j'ai mal partout, je ne comprends rien à ce qu'on me raconte.
Je suis mise à l'arrière de la voiture de police comme on embarque un prisonnier, une grille me sépare des conducteurs, c'est pas possible, je vais me réveiller, c'est un film d'horreur…

J'arrive dans un hôpital, je ne comprends pas ce qui se dit.
On me fait signe que je vais être examinée par un médecin pour constater les marques que j'ai sur le corps avant d'être conduite au poste de police pour y avoir un traducteur et porter plainte pour coups et blessures.

Je suis épuisée, outre le choc psychologique, tout mon corps est endolori et je ne pense qu'à une chose : j'ai failli mourir, je veux voir mes enfants, je veux être près d'eux, heureusement qu'ils n'étaient pas là.

Par chance, chaque fois que Kriss a eu des actes de violence, mes enfants en ont toujours été préservés.
Soit ils étaient chez leur papa, soit ils dormaient.

Comme je l'ai dit plus tôt dans mon livre, seul Luc a vu sa mère dépérir sans connaître les vraies raisons et j'ai conscience que c'est déjà bien trop.
Lyna a été préservée de ça au vu de son jeune âge, elle ne se souvient même pas de Kriss.

Me voilà au poste de police, un traducteur est arrivé.
On ne cesse de me poser les mêmes questions et moi j'en peux plus, je ne veux qu'une chose, que tout s'arrête.
Après des heures à me faire cuisiner, on m'annonce que Kriss a répondu au téléphone et qu'il arrive pour se rendre et avouer.

Quelques temps après on me donne les clés de son véhicule pour que je récupère mes affaires tout en me demandant de rester sur place jusqu'à la fin des auditions de Kriss.

J'appelle Yon et décide de tout lui raconter mais surtout je veux parler à mes enfants, j'ai besoin de les entendre. Manque de pot ils sont occupés mais ils vont bien c'est le principal.

Bien plus tard une femme et un homme m'expliquent que je ne peux pas repartir tout de suite en France.
Kriss va être jugé dans 2 jours au tribunal de la violence pour la femme et je dois être présente.

Il faut savoir qu'en Espagne, ils sont très intransigeants avec la violence sur la femme et j'apprendrais plus tard que lors de sa garde à vue, un maton l'a cogné pour lui faire payer ses gestes en lui disant de ne plus jamais s'attaquer à plus faible que lui et encore moins à une femme.

Je n'ai quasiment plus de liquidité sur moi, je dois payer l'hôtel et mon billet de retour.
Cette femme agent de police est adorable, elle m'accompagne à la gare pour m'aider à prendre mon billet car j'ai beaucoup de mal à parler espagnol.
Après m'avoir déposé à l'hôtel, je peux enfin me laver et tenter de me poser.
Je découvre les hématomes sur mon corps, j'ai si mal, je me sens meurtrie et désespérément seule.

Pourquoi la vie s'acharne t'elle comme ça ?
Je n'ai fait que l'aimer, le seul crime que j'ai commis est d'avoir refusé des rapports …

En deux jours je n'ai pu manger qu'une petite frite du Mac do et un paquet de gâteau.
N'ayant plus de chargeur de téléphone, j'ai dû en racheter un.

Le jour du jugement est là.
Je n'ai presque pas réussi à dormir ces deux dernières nuits. A peine je ferme les yeux que je revois toutes les scènes.

Au tribunal je croise Kriss dans les couloirs, menottes aux poignets qui me jette un regard noir, il est toujours fâché et il a un œil au beurre noir.
Je m'en veux presque de le voir comme ça.

Durant son procès, on me demande si je veux des dédommagements mais je refuse, j'exprime que je veux juste qu'il ne s'approche plus jamais de moi.
On lui colle une injonction qui lui interdit de s'approcher à moins de 500 mètres de mon domicile.

Seul hic, ce jugement n'est valable qu'en Espagne, je dois refaire un procès en France si je veux que ce soit valable en rentrant.

Le tribunal statue, je suis libre de rentrer chez moi.
Je suis enfin dans le train direction le Sud-Ouest.
J'ai beau être exténuée, je n'arrive pas à dormir, les nerfs me tiennent éveillée.

Yon a prévenu un ami commun pour qu'il me récupère à la gare car nous étions partis avec la voiture de Kriss et la gare est à 45 minutes de chez moi.

Durant le trajet de la gare à mon domicile, je raconte tout à Brice qui me dit qu'il va s'assurer que Kriss ne m'attends pas chez moi.
Malgré mes réticences et le fait que je n'y crois pas, il a raison.
Quand nous arrivons, il est garé sur le parking de l'église et m'attend.

Brice ne me laisse pas, il monte avec moi et ne part que lorsque Kriss quitte le parking.

Les vacances de mes loulous se poursuivent et je vois avec Yon pour les prolonger car je suis au plus mal, je dois voir un psy, je suis en état de choc et je ne veux pas qu'ils me voient dans cet état.

Je vois très vite un psychiatre qui me diagnostique une dépression et me met sous anxiolytique et antidépresseur.

A peine 3 jours après tout ça Kriss a le culot de se pointer en bas de chez moi et de pleurer toutes ses excuses possibles.

Il va jusqu'à me montrer des traces de strangulation dans son cou preuve de sa culpabilité, il aurait voulu se pendre pour se punir.

Après l'avoir écouté, je craque à nouveau, il a réussi à me faire culpabiliser, il aurait agi comme ça car il aurait eu peur de me perdre quand je me suis refusée à lui.

Je ne sais pas comment, mais il a cette faculté à me faire tout oublier. Oublié que j'ai perdu mes amis chez qui il avait débarqué, oublié la course poursuite en voiture dans mon centre-ville car il me suivait de manière dangereuse, oublié qu'il m'a fait du mal, trompée et isolée.

Une fois de plus je tombe dans le panneau mais depuis tout ça Aude et moi sommes plus soudées et elle fait tout pour m'ouvrir les yeux afin que je ne sombre pas plus et que j'arrive à me sortir de cette relation toxique.

On se voit, on sort ensemble en boite de nuit, on parle de lui sans arrêt pour comprendre ce qu'on a fait de mal mais surtout savoir comment le mettre au pied du mur afin qu'il reconnaisse enfin qu'il joue avec nous deux.

Après avoir traversé des hauts et des bas avec lui, j'ai pu découvrir toutes ses manigances :

- Avant d'arriver chez moi, il changeait nos pseudos dans son répertoire, je devenais « bébé » et Aude « la conn@sse » et inversement quand il allait chez elle.

- Toutes les fois où nous sommes disputés à cause de la jalousie qu'il avait et dont il m'a tenu pour responsable, il me disait ne pas être joignable car il était soi-disant chez des potes mais il était chez elle.

Je n'en veux pas à Aude, elle l'aimait également et nous ne savions pas encore que c'est uniquement la dépendance d'une relation toxique que nous ressentions envers lui plus que l'amour.

- Il m'a plumé jusqu'au dernier sous avant de ne plus me porter autant d'intérêt qu'au début.
- Il m'a culpabilisé se servant de sa pseudo jalousie pour cacher le fait que lui me trompait.
- Il savait que pleurer et jouer sur la corde sensible me faisait toujours culpabiliser et que je finissais par m'excuser sans même savoir pourquoi.
- Il m'a vidé de la plus petite particule de force et de vie avant de me laisser « sans vie » à même le sol.

Après presque deux ans de torture mentale et psychique, Aude a eu une idée.

Un soir alors que nous devions nous voir, Kriss avait annulé me disant être avec des potes de Hand.

En réalité il était chez elle (elle m'avait prévenu en amont pour mettre en place notre plan).

Moi je devais réussir à le faire venir chez moi et quitter le domicile de Aude.

Elle l'appellerait de son fixe pour le faire parler quand moi je serais en ligne avec lui sur son portable prétextant m'inquiéter de l'heure et croyez-moi, tout a fonctionné.

En parallèle de mon fixe j'avais Aude sur son portable pour les entendre.

Aude avait mis son fixe en haut-parleur donc j'entendais toute la conversation de Kriss.

Il était méfiant au début lui demandant même si elle l'enregistrait.

Malgré ses doutes, il a fini par parler.

J'ai pu entendre que jamais il ne viendrait voir une conn@sse comme moi, que je n'avais été qu'un dommage collatéral, que la seule femme qu'il aimait c'était elle.

Je suis restée calme malgré la douleur.

Quand il m'a dit ne pas être loin je l'ai attendu dehors car mes enfants dormaient et je savais que j'allais m'énerver.

Il est arrivé la bouche en cœur, l'air de rien me disant avoir passé un bon moment avec ses potes quand je lui ai tout balancé.

Une fois de plus il n'a pas assumé et s'est mis à pleurer me suppliant de lui laisser une chance, qu'elle le tenait avec leur fille, qu'il ne ressentait rien pour elle, qu'il avait juste peur de ne plus voir sa fille dont elle l'aurait déjà privé.

Là où je m'en veux le plus c'est de l'avoir cru une fois encore jusqu'à ces deux derniers moments où j'ai enfin pu mettre un terme à cette relation.

Mon frère Louis était venu à la maison en renfort car j'allais très mal et j'avais les idées noires.

Kriss était censé être avec des amis du hand.
Je le croyais jusqu'à ce que Aude m'appelle pour me dire qu'il était chez elle.
Je comprenais mieux pourquoi le soir il n'était jamais joignable prétextant ne pas pouvoir parler ou par manque de réseau.

J'avais du mal à la croire ou plutôt je ne voulais pas la croire alors j'ai pris la route avec mon frère, 1h30 d'angoisse pour découvrir sa voiture garée à 23h devant chez elle.

J'avoue que la colère ayant monté, j'ai crevé ses pneus et cassé ses rétros puis j'ai frappé à la porte.
Aude m'a ouvert sans être surprise de ma présence puisque c'était elle qui m'avait dit où le trouver.
Kriss a suivi vêtu d'une simple serviette de bain autour de la taille me disant ne plus avoir d'eau chaude et vouloir laver son linge.
Pour la énième fois il a réussi à m'embobiner, il était tellement fort à ce jeu que même mon frère l'a cru.

J'ai réussi à mettre un terme officiellement à cette relation toxique lors d'un retour de balade.

Nous étions au volant de sa voiture lorsqu'il s'est énervé et a recommencé à rouler comme à Madrid parce que Luc m'avait appelé trop souvent durant notre balade et que selon lui je n'aurai pas dû répondre.

J'avais peur mais je ne lui ai pas montré.
Je lui ai dit que s'il n'arrêtait pas tout de suite sa conduite je rentrerai chez moi dès notre arrivé chez lui ce à quoi il a répondu que je devais choisir entre mes enfants et lui.

A ce moment précis, un déclic s'est opéré en moi et j'ai compris qu'il venait de me rendre un immense service.

J'ai choisi mes enfants et je ne regretterai jamais ce choix.
C'est pour ça que ça m'est d'autant plus difficile de comprendre le choix de ma mère quand elle a choisi son mari plutôt que moi.
Ma relation avec Kriss était toxique et mon amour pour lui extrêmement fort mais pour autant à compter du moment où il m'a posé cet ultimatum ça a été une évidence, le seul regret que j'ai, c'est qu'il ne l'ai pas fait avant.

Arrivé à son logement, j'ai fait mon sac et je suis partie.

Après ça je ne l'ai pas revu enfin pas avant un long moment.

L'année qui a suivi a été douloureuse.
Je me suis posé toutes les questions possibles.
Pourquoi moi ?
Qu'est-ce que j'avais fait de mal ?

Je pensais encore souvent à lui surtout qu'il ne m'a pas tout de suite laissé tranquille.

Il m'a harcelée téléphoniquement parlant durant 1 mois entier.

Il passait ses nuits à m'appeler tellement souvent sur mon fixe que même posé sur sa base il se déchargeait.

Durant les mois qui ont suivis notre rupture, je n'arrivais plus à dormir, je me sentais surveillée comme il m'avait dit qu'il le ferait, je n'arrivais plus à sortir, je ne mangeais quasiment plus, je pleurais tout le temps et c'est à ce moment-là que Luc a éprouvé le besoin de partir.

C'est à ce moment précis de ma vie, fin 2010, début 2011 que toutes mes angoisses et phobies se sont profondément ancrées.

Kriss avait créé un choc psychologique ravivant toutes les blessures de mon enfance par-dessus celles qu'il me laissait lui.

J'ai revu Kriss un an ou deux après.

Soi-disant célibataire et j'ai voulu le tester mais surtout me prouver à moi-même que j'étais capable de lui résister, que je n'étais plus dépendante de lui.

Je l'ai retrouvé à Saintes chez lui, égal à lui-même.

Nous avons couché ensemble et je devais dormir chez lui mais j'avais appris à le connaitre et je voyais qu'il me cachait quelque chose.

J'avais appris à l'observer et là je voyais que son portable restait toujours en silencieux, qu'il vibrait souvent, qu'il allait aux wc pour répondre, bref je voyais son petit jeu pervers et pourri.

J'ai feint de dormir pour qu'il s'endorme et fouiller son téléphone.

Il avait écrit à « ma femme » pour lui dire que le repas de Hand durait plus longtemps que prévu mais qu'il pensait à elle et l'aimait très fort.

Il venait de la tromper.

Je me suis levée tout doucement, il devait être 03H du matin et je suis partie sans même un mot.

A compter de ce jour je n'ai jamais revu Kriss.

Il est marié avec « ma femme » la pauvre ne sait même pas qu'elle aussi a été trahie….

Il m'a fallu des années pour ne plus penser à lui, pas dans le manque mais dans la dépendance, c'est la problématique après une relation avec un pervers narcissique.

Aujourd'hui, de lui il ne me reste « que » de grosses séquelles.

Je n'ai plus confiance en l'homme.

J'ai toujours peur qu'il me cache quelque chose dans son téléphone.

J'ai encore plus peur de la violence et des cris.

Mais surtout j'ai découvert que ce que j'avais vécu à Malaga en Espagne, s'appelle du viol conjugal.

Toutes ces étapes de ma vie m'ont détruite et chacune des personnes citées dans ce livre a contribué à faire de moi celle que je suis aujourd'hui.

Avant de clore le récit d'une vie de trauma, je dois vous parler d'une dernière personne, ma fille Lyna.

Je vous ai dit que j'avais créé à mes deux grands une blessure d'abandon involontaire, je vous ai confié celle de Luc, il me reste celle de Lyna à vous raconter.

Lyna

Ma princesse, ma fille, ma puce…

Lyna et moi avons toujours vécu ensemble depuis ma séparation avec son papa Yon alors qu'elle n'avait que 18 mois.

Pour Lyna à l'inverse de Luc où le congé parental n'était pas autorisé à la première grossesse, j'ai pu le prendre.

J'avais énormément souffert de ne pas avoir pu élever Luc à plein temps et rater certaines étapes clés de sa vie comme ses premiers pas et je ne concevais pas de revivre ça.

Ayant manqué de ma mère petite, dans mon esprit c'était limpide, je serais présente à 3000% pour mes enfants et je les élèverai.

Étant toujours à la maison j'ai donc naturellement passé plus de temps avec Lyna que son papa qui travaillait beaucoup à ce moment-là pour que nous ne manquions de rien.

Je reconnais qu'étant très fusionnel avec mes enfants, Yon a eu du mal à trouver sa place, c'était involontaire de ma part néanmoins je pense malgré tout qu'un parent qui veut vraiment se poser en tant que tel trouvera toujours le moyen de prendre sa place auprès de son enfant.

J'étais jeune, 25 ans lorsque Lyna a pointé le bout de son nez.
Luc quant à lui avait 4 ans.

J'ai fusionné avec Lyna de la même manière que je l'avais fait avec Luc mais j'oubliais que Luc pourrait souffrir de cette fusion qui venait au détriment de la relation que lui et moi avions eu pendant 4 ans.

J'ai pu rectifier ça grâce à ma formation d'assistante maternelle.

Quand Yon et moi avons divorcé, cela nous a paru évident que j'aurai la garde des enfants.

Lui travaillait énormément, quant à moi j'étais disponible à la maison du fait de mon congé parental, j'avais donc plus de facilité pour gérer le quotidien avec eux sachant que par la suite je serais assistante maternelle donc à la maison.

Ma vie de maman solo, s'est déroulée avec énormément d'évènements pouvant jouer sur le bien-être de mes enfants :

- Les dégâts causés par ma relation avec Kriss sur mon état psychologique.
- Le départ de Luc chez son papa quand il a eu 9 ans.
- Mes angoisses et ma dépression.
- Un second divorce très difficile avec le père de Théo qui n'a pas épargné Lyna.
- Un papa absent pour elle avec un manque cruel (attention je n'accable pas son papa qui a fait comme il a pu à distance mais entre cette absence et une mère angoissée et fragilisée par la vie, Lyna n'a pas été épargnée).

Ce que j'essaie de vous dire c'est que durant ces 16 années, j'ai élevé ma fille seule envers et contre tous.

Les gens qui nous entouraient ne m'ont pas épargné voyant les angoisses naissantes chez ma fille m'accusant d'être responsable de son état.

Sur ce point, je suis aujourd'hui encore très en colère.

Il a été très aisé pour une personne que je ne citerai pas de critiquer mon rôle de mère et me juger, allant jusqu'à le faire devant mes enfants.

Par moment, je lui en veux énormément car il m'a fait douter de moi en tant que mère et ces mots m'ont fait beaucoup de mal.
Cela a parfois aussi beaucoup touché mes enfants.
Ils se sont parfois posé des questions qu'ils n'auraient pas dû se poser.

Des mots peuvent être bien plus douloureux qu'une claque et laissent une marque psychologique indélébile.

Je suis passée par tous les adjectifs possibles : cassos, femme feignante, pauvre, toxique pour mes enfants, que je n'avais pas d'avenir et que si ma fille restait près de moi elle finirait comme moi, que je n'étais pas ambitieuse et j'en passe.

Tous ces mots ont fait du mal à Lyna autant qu'à moi qui doutait déjà de mes qualités de « bonne mère ».

Puis l'été 2021 est arrivé.

Lyna traversait une épreuve très compliquée dans laquelle son père et moi l'accompagnions du mieux que l'on pouvait.

A côté de ça avec mes angoisses et mes phobies qui régentaient ma vie, j'avais de plus en plus de difficultés à conduire mon fils Théo à l'école ce qui m'a conduit à lui faire subir de l'absentéisme.

J'étais de plus en plus sous l'emprise de mes crises d'intestins irritables et de mes phobies.

Celles-ci me coinçaient sur les wc avec d'horribles douleurs tant sur le plan physique que psychologique, ça m'épuisait dans tous les sens du terme.

Mes séances chez le psy m'apaisaient sur le coup mais l'effet bénéfique ne tenait pas sur la durée.

Je me suis donc retrouvée avec un signalement auprès de l'éducation nationale et les services sociaux sur le dos.

Cette épreuve a été terrible pour moi.

En plus de me sentir comme tous ces adjectifs qu'on m'avait si souvent collés à la peau depuis des années, ces femmes se mettaient à fouiller ma vie entière jusqu'à mon enfance.

D'un signalement pour absences trop fréquentes, on en était à décortiquer mon enfance et mes traumatismes.

Je ne me suis jamais sentie aussi nue et psychologiquement souillée.

Pointée du doigt avec une étiquette de mauvaise mère collée sur le front. Une étiquette avec écrit « COUPABLE ».

Deux inconnues se mettaient à me juger sur la totalité de mon rôle de mère, remettant tout en cause, cherchant des corrélations entre mon enfance et mes enfants.

L'enquête sociale a duré des mois avant d'être classée sans suite car elles ont finalement réalisé que mes enfants n'étaient pas en danger.

Pendant ce même laps de temps, j'avais aussi une inquiétude médicale.
Des lésions sur mes parties intimes, une visite chez la gynécologue, tout est allé très vite.

Dermatologue, suspicion de cancer vulvaire, biopsie, épuisement général, Lyna qui se battait contre ce qu'elle avait à traverser, ma profonde solitude car tout le monde me tournait le dos, j'étais perdue.

En août, Lyna était chez son papa en vacances, notre relation était passée de complice à conflictuelle, j'avais le sentiment de la perdre et cela me faisait terriblement mal.
Je pense que cela me renvoyait à ma relation avec ma mère que je ne voulais surtout pas reproduire et donc un terrible sentiment d'échec.

De ce trio, Théo, Lyna et moi, ne restait que Théo et moi.
Théo est également parti en vacances chez son papa ce qui a provoqué en moi un énorme sentiment d'abandon.
Ne supportant plus l'état profond de détresse dans lequel j'étais, je suis partie chez ma maman en région parisienne.

Je devais revenir une semaine après mais mon état de santé s'était dégradé entrainant mon état psychologique avec.

Je faisais malaise sur malaise finissant une fois aux urgences où ils voulaient me garder au service oncologie.

Finalement mon dossier médical étant dans les Landes, ils ont décidé de me laisser rentrer chez moi où le suivi était effectué.

La biopsie n'avait toujours pas été faite à ce moment-là.

J'étais tellement à bout que j'en arrivais à espérer que j'ai ce fichu cancer, qu'il m'emporterait et que je ne souffrirai plus jamais.

Quoi qu'il en soit, je ne suis pas rentrée comme prévu.

Je suis restée trois semaines chez ma maman, c'était la première fois en 8 ans que je laissais Théo aussi longtemps loin de moi.

Nous n'avions jamais été séparés plus d'une semaine lui et moi.

Son papa ayant un planning très complexe Théo ne part jamais plus d'une semaine d'affilée.

Ça a été très dur émotionnellement parlant, entre le manque de Théo qui craignait que je ne rentre pas et la distance associée à la perte de communication avec Lyna, je me sentais inutile.

Je ne savais pas que Lyna, chez son papa, allait mal et qu'elle attendait de moi que je sois là malgré nos bas.

A cette période, nous ne communiquions plus du tout sauf pour nous disputer.

Les assistantes sociales s'évertuaient à me faire comprendre que j'étais un danger pour mes enfants alors que le combat de Lyna ne m'incombait pas et que les absences de Théo n'étaient pas non plus tous les jours.

Certes il manquait l'école à peu près une journée par semaine et j'ai conscience que ce n'était pas normal mais pour combler ma lacune et comme pour me déculpabiliser je le faisais travailler encore plus que le programme imposé à l'école.

J'avais en prime certaines personnes qui tenaient à mon égard des propos très durs sur mon rôle de maman donc pour moi, ils étaient mieux sans moi chez leurs papas à l'abri de moi et ma toxicité.
Mes enfants n'avaient pas besoin du monstre que j'étais dans leurs vies…

Quand je suis revenue, Lyna et Théo sont rentrés à la maison pour la rentrée scolaire.
Nous avons repris notre train train quotidien comme si rien n'était arrivé malgré une ambiance encore très fragile avec ma fille jusqu'à que nous discutions toutes les deux.

C'est là qu'elle m'a dit s'être sentie abandonnée quand je suis partie, que pas un seul jour ne s'était passé sans qu'elle ne pleure car elle allait mal.

Moi je la savais rire et pratiquer des activités que j'étais incapable de lui offrir, je n'aurais jamais pensé qu'elle avait besoin de moi pour traverser cette épreuve.
D'après les dires de son papa, elle n'avait jamais été aussi heureuse.
Je pensais donc que seule la présence de son papa lui serait bénéfique et salvatrice.

C'est à ce moment précis que j'ai réalisé que j'avais malgré moi causé une blessure d'abandon chez ma princesse et je m'en veux terriblement même si depuis tout est revenu à la normale entre nous deux et que je suis là pour elle.

Moi qui voulais tant les préserver de ce sentiment, je l'ai malgré moi reproduit sur mes deux plus grands.

Lyna, ma poupée

Toi et moi c'est bien plus qu'un tout.

Tu sais à quel point je te n'aime plus fort que les nems (jeu de mot entre nous deux).

Nous avons vécu tellement de choses toi et moi, de très bons moments pleins d'amour, de complicité, de rires, de délires et de tendresse mais aussi des moins bons.

Nous avons toujours été là l'une pour l'autre et tu sais que je serais toujours là pour toi à chaque fois que tu en ressentiras le besoin.

J'ai compris et j'assume que mes phobies, ma dépression et mes putains de problèmes t'aient affecté.

Si tu savais comme j'en suis désolée ma puce, je n'aurai jamais assez d'une vie pour te demander pardon et réparer cette blessure.

Pendant longtemps par mon côté fusionnel, je t'ai empêché de couper le cordon ce qui ne t'as pas permis de prendre ton envol légitime.

Aujourd'hui, tu vas sur tes 17 ans et à cause ou grâce à cette épreuve car j'aurais aimé que ça se passe dans d'autres circonstances, tu as réussi à le couper et tu t'es découverte, tu vis enfin TA vie sans attendre mes validations.

Ma princesse, sache que chacun de mes choix envers toi, a toujours été fait avec amour et dans le seul et unique but de t'accompagner et/ou te protéger.

Je ne suis pas une maman parfaite, des erreurs j'en ai faite et j'en ferais encore car nous parents nous apprenons toute notre vie mais je ferais toujours ce qu'il faut pour toi et jamais, jamais je ne t'abandonnerai.

Je te demande pardon ma beauté de ne pas avoir été une maman plus forte à certaines périodes de ta vie, je n'ai pas d'excuse pour ça car un enfant n'a pas à subir les failles de ses parents, j'ai fait avec ce que j'avais et comme j'ai pu mais tu sais dans ton cœur que tu as toujours été ma priorité.

Je suis désolée également d'avoir autant manqué de confiance en moi car le cas échéant les mots accusateurs à mon égard ne m'auraient pas fait douter de mes capacités ni passer à côté de ton réel mal-être.

Si j'avais eu plus confiance en moi, en mon rôle de maman, je serais restée près de toi cet été-là, je t'aurai aussi gardé ces 3 mois de 2019 où je t'ai envoyé vivre chez papa m'étant laissé convaincre par tous les mots que j'entendais sur moi et ma toxicité.

Ma puce si tu savais comme ça a été dur d'être sans toi dans ces conditions, j'ai tellement cru qu'il fallait te protéger de moi que je pensais bien faire.

Je te demande pardon ma puce, je t'aime tellement mon cœur.

Si j'avais suivi mon instinct j'aurais en plus d'avoir été là pour toi, cherché plus loin que la responsabilité de mes angoisses pour découvrir ce qui te détruisait tant au fond de toi.

Ma doudou, je n'ai pas eu la chance d'avoir ma maman près de moi dans mes moments de douleurs et mes combats.

J'ai démarré dans la vie avec un lourd fardeau pendant que d'autres démarraient avec une cuillère d'argent dans la bouche malgré ça j'ai tenu.

Ma vie n'a pas toujours été faite de bons choix et aujourd'hui je paye encore beaucoup trop cher les traumas endurés dans mon enfance et je refuse que tu démarres dans la vie comme moi, il est hors de question que tu puisses souffrir comme je souffre.

Je m'étais jurée de protéger mes enfants de ce que j'avais vécu, qu'ils n'auraient jamais à vivre ça et malheureusement, malgré moi et ne sachant pas, je n'ai pas pu te protéger d'une épreuve difficile alors sache que même si toi aujourd'hui tu n'as pas la force de te battre pour toi, je me battrais pour deux.

Je me battrais pour toi, pour moi et contre toi parfois s'il le faut car il est hors de question que tu laisses ta vie passer sous tes yeux sans régir.

Tu me détesteras peut-être parfois mais je te protègerai de tout et de toi par moment s'il le faut.

Ma rage de te voir vivre et mon amour inconditionnel me feront lever des montagnes pour toi pourvu que tu vives ta vie telle que tu l'avais rêvé car tu as une chance inouïe, tu as ta maman près de toi aussi imparfaite soit-elle.

Ma poupée sache que je suis fière de toi et du parcours que tu as fait, que je serais toujours là pour te soutenir dans tes choix tels qu'ils soient tant qu'ils sont en accord avec toi et ton bonheur.

Je suis fière de la jeune femme que tu es et tant pis pour ceux qui n'ont pas pris le temps de te connaitre vraiment !

Tu as un cœur énorme, tu es belle, drôle, intelligente et tu as une force inouïe en toi.

Alors sois fière de toi et VIS.

Pardonne-moi pour mes erreurs de maman et surtout n'oublie jamais que je t'aime au-delà des étoiles.

Ta maman qui t'aime.

Pour finir

Tout ce que je viens de vous raconter n'est évidemment qu'une partie de ma vie, les parties les plus traumatiques.

Je vous épargne toutes les disputes quotidiennes, les cris, les bagarres entre deux alcooliques, les insultes, les corrections infligées régulièrement à mon frère Jo, les nuits à les entendre se disputer et boire et ne pas dormir pour surveiller qu'un drame n'arrive pas.

Je vous épargne l'incendie dans le garage, les fuites du domicile de ma belle-mère Maria que je retrouvais ivre dans un bar, cette atmosphère toujours pesante avec l'appréhension du moment fatidique où un autre conflit éclaterait.

Mon année de 5ème ratée du fait de ma non-présence en cours car nous devions fuir la maison mon père et moi, enfin moi.
Je me demande s'il lui est arrivé à mon père de m'en vouloir de devoir me protéger d'elle à certains moments.

Toutes ces fois où j'ai dû faire le ménage, m'occuper de junior qui était bébé, ramasser le vomi de mes frères malades et devoirs attendre que tout ça soit fait pour avoir le droit de faire mes devoirs.
Toutes ces nuits à ne pas dormir de peur que le méchant revienne dans ma chambre.
Faire des cauchemars dans lesquels je suis prise au piège et ne peux pas sortir de cette pièce qui se referme sur moi et ça toutes les nuits.

Subir les humiliations de mes camarades à cause de mes coiffures imposées ridicules et mes tenues de garçon.

Il y aurait tellement de détails à énumérer mais n'étant pas les plus destructeurs je vais m'épargner de voyager dans ce passé bien trop douloureux qui hantent encore chacune de mes nuits.

Passer autant de temps à relater les faits traumatiques de ma vie a été extrêmement éprouvant psychologiquement mais devoir me relire en tant que lectrice extérieure à la situation m'a permis de voir d'un œil différent certains points et de comprendre certaines réactions et angoisses que j'ai à ce jour que ce soit dans ma vie de femme avec les hommes ou dans ma vie de maman.

Cela a été très difficile de me construire en tant que femme et maman en ayant des modèles destructeurs et monstrueux mais je réalise que malgré ma fatigue morale, les maux dont je souffre et les troubles psychologiques, j'ai encore la force d'être là aujourd'hui mais surtout je suis fière malgré mes failles d'avoir été meilleure que mes modèles destructeurs.

Comment passer d'une petite fille meurtrie, brisée, salie à une femme épanouie ?
Comment peut-elle devenir un modèle pour ses enfants ?
Comment peut-elle avoir confiance en elle quand les adultes qui devaient la valoriser et l'aimer, l'ont rabaissé, détruite et abandonné ?

Comment croire que la vie en vaut la peine quand en plus de ton enfance traumatique et des séquelles tu vis des choses violentes dans ta vie de femme ?

Tant de questions auxquelles il est difficile de répondre de manière généralisée car Madame X qui sera détruite par une situation sera peut-être vécue aisément par Madame Y.

Ce que je veux faire passer comme message en écrivant au-delà du côté salvateur et thérapeutique pour moi, c'est que peu importe votre vécu, vos blessures, vos erreurs, vos échecs, votre patrimoine génétique, vos traumas, vous êtes tous et toutes une personne unique et personne n'a le droit de vous juger, PERSONNE.

Ne laissez personne juger votre vécu, votre handicap, vos origines, vos blessures, votre physique, vos cicatrices car personne n'a mis vos chaussures et emprunté votre chemin.

Petite réflexion en passant, bien souvent le juge le plus sévère envers notre personne, c'est nous même.

J'ai conscience que j'avance avec plus de difficultés qu'une personne ayant eu la chance d'avoir un vécu serein mais j'ai la fierté de dire que j'ai acquis par moi-même des valeurs et une richesse émotionnelle que bien peu de personnes n'ayant rien vécu possèdent.

Je suis pauvre sur mon compte en banque mais tellement riche dans mon cœur même s'il est meurtri.

A de nombreuses reprises et encore parfois, il m'est arrivé de vouloir en finir pensant que mes enfants seraient mieux sans moi plutôt qu'avec la mère que je suis et parce qu'il est bien plus facile de baisser les bras que se battre contre la douleur et l'adversité.

A de nombreuses reprises, j'ai laissé des hommes me faire croire que j'étais un monstre de mère et j'ai eu la faiblesse de les croire n'ayant aucune estime pour moi mais une chose s'est produite en vous écrivant.

Je ne m'aime toujours pas et actuellement je suis en phase de dépression mais je garde l'espoir de pouvoir me relever de tout ça et je suis fière de pouvoir dire que même dans les moments les plus difficiles je tends toujours la main à ceux qui ont besoin.

Combien de fois j'ai eu besoin de soutien et qu'en retour d'un appel à l'aide je n'ai eu qu'une gifle morale.

Imaginez que vous voyez une personne se noyer, vous lui tendez une bouée de sauvetage ou vous sautez pour la sauver de la noyade, vous n'allez pas lui appuyer la tête sous l'eau ?
Vous n'imaginez pas le nombre de fois où l'on m'a mis la tête sous l'eau (de façon imagée) au lieu de me tendre une perche pour me sortir de l'eau et je continue d'être là pour ces dites personnes.

J'ai encore du chemin à parcourir pour découvrir qui je suis, apprendre à dire non en acceptant que mon non peut blesser pourvu que ce soit pour être en accord avec moi-même.
Je dois apprendre à m'aimer avec mon passé et ce sera le chemin le plus sinueux à parcourir mais avec de la patience, de la persévérance et ma thérapie j'ose croire que cela est possible.

Le temps sera mon plus fidèle allié dans le chemin de la guérison.

Je dois encore apprendre à pardonner car finalement ne pas leurs pardonner c'est me faire mal à moi-même, eux avancent et se moquent de ce que je pense, je suis la seule qui continue de souffrir finalement.

Avec le temps j'espère pouvoir dormir sans cette appréhension de revivre chaque nuit les événements douloureux de mon vécu et ne plus craindre d'aimer, d'être aimé et du bonheur, peur de vivre tout simplement.

N'oubliez jamais qui vous êtes.
Ne cherchez pas à devenir quelqu'un d'autre de peur de ne pas être aimé comme j'ai pu le faire car vous vous perdriez mais surtout vous devez comprendre que tout le monde peut vous aimer.
Si vous ne vous aimez pas vous-même, vous aurez toujours ce vide immense en vous.

- Aimez-vous avant de vouloir aimer et être aimé
- Aidez-vous avant de vouloir être aidé et aidez les autres
- Vous être votre meilleur ami mais aussi votre meilleur ennemi

Peu importe que vous ayez un handicap physique ou psychologique comme moi, nous avons un avantage sur les autres : notre grande ouverture d'esprit, l'acceptation des autres avec leurs différences et notre grand cœur.

Nous ne sommes pas « anormaux » ou « hors case » comme la société nous le fait comprendre, c'est la société qui n'est pas ouverte d'esprit, elle est juste mentalement étriquée.

Et pour finir je voudrais vous dire qu'être parents n'a jamais été facile.
On ne nous fournit pas de manuel à la naissance de notre enfant, on fait avec notre héritage familial et nos idéaux.

L'erreur est humaine, le tout étant de la reconnaitre pour ne pas la reproduire car nous apprendrons à être parent toute notre vie.

Il n'y a pas de bons ou de mauvais parents comme la société tend à nous le faire croire.

Les parents parfaits n'existent que dans les fictions, la vraie vie est toute autre.

Ayez simplement confiance en vous et en vos enfants, ils vous montreront le chemin.

Et pour conclure, à toutes les personnes qui tentent désespérément d'avoir des enfants et qui ne le peuvent pas alors qu'ils feraient de merveilleux parents, sachez que j'aurais aimé que mes parents ne puissent jamais procréer et à ce niveau-là je trouve la vie cruellement injuste.

J'aurai aimé être la fille d'un et d'une autre personne mais comme on dit, on ne choisit pas sa famille.

J'aurais aimé ne jamais naître ou que quelqu'un entende mon appel à l'aide pour être placée mais peut-être devais je parcourir ce chemin de vie pour en arriver où j'en suis aujourd'hui…

Pardon à tous ceux qui mènent un combat contre la maladie, vous allez me trouver faible et peut-être injuste mais ma souffrance psychique est réelle.

J'espère pouvoir vous dire un jour que j'ai appris à vivre avec tout ça et que je m'en suis sortie…

Je vous prépare dans les mois à venir un nouvel ouvrage.

Priscilla

Remerciements

Je tiens à remercier ma maman et Mike qui croient en en ce livre et qui n'ont cessé de m'encourager à l'écrire mais surtout à poursuivre quand j'ai douté de moi et eu peur à l'idée de blesser des personnes.

Merci à mes enfants sans qui je n'aurais pas pu publier mon histoire.
Je les remercie de m'aimer de manière inconditionnelle malgré mes failles et mes difficultés.
Merci à eux qui me donnent chaque jours l'envie de me battre pour être la meilleure mère possible.

Merci à eux d'oser être eux même, de me remettre à ma place quand mes angoisses vont trop loin cela me prouve qu'ils se sentent en confiance, libres et font fi de mon état pour oser s'affirmer.
Merci à eux de me faire encore confiance et de venir me parler dès qu'ils en ont besoin.

Merci à toi maman qui malgré tes manquements dans ton rôle de mère reste présente à chacune de mes angoisses, toi qui prends le temps de me rassurer à chacune de mes crises de paniques, qui prends le temps de m'appeler quand je suis en proie à une crise phobique et qui reste disponible quand je te harcèle de sms pour des appels à l'aide et ce peu importe l'heure.

Merci à Yon car tu le sais même si j'ai encore des choses que je ne te pardonne pas, tu m'as sauvé la vie en me sortant de chez mon père mais tu m'as également permis d'être mère et de vivre.

Merci à toi Mike qui m'accepte dans mes moments les plus sombres, dans mes crises de phobies, d'angoisse et de panique, sans mes dents, avec mes tocs et qui malgré toutes les difficultés que l'on rencontre au sein de notre couple, continue de m'aimer sans me juger.
Merci d'avoir toujours respecter mes blocages sexuels et ne m'avoir jamais mis de pression.
Tu es le seul homme qui m'aime sans condition physique et psychique et pour ça merci peu importe ce qu'il adviendra je t'aime très fort. Tu es celui que j'ai toujours attendu. J'espère que le temps nous permettra de guérir ensemble et individuellement pour mieux nous aimer.

Merci à Francis qui malgré notre divorce difficile a été le seul à ne jamais dénigrer mon image de maman devant notre fils et ce malgré nos désaccords mais merci également de m'avoir soutenu et été là en tant qu'ami dans deux de mes douloureuses épreuves : le départ de Luc chez son papa et ma rupture avec Kriss car tu m'as permis de la surmonter grâce à ton humour.

Merci à tous mes followers Tiktok qui depuis 2 ans me suivent et me soutiennent sans jugement et avec bienveillance, vous n'imaginez pas comme vous m'avez aidé dans bien des moments, même virtuellement.

Merci à la vie pour avoir eu la chance d'avoir 3 merveilleux enfants en bonne santé.

Et enfin merci à vous de m'avoir lu.